京津冀协同发展研究丛书

首都高端智库报告

# 京津冀协同发展研究的历史、现状与趋势

THE HISTORY, PRESENT CONDITION AND TREND OF THE RESEARCH ON BEIJING-TIANJIN-HEBEI COORDINATED DEVELOPMENT

叶堂林　祝尔娟　王雪莹　等　著

社会科学文献出版社

SOCIAL SCIENCES ACADEMIC PRESS (CHINA)

　　本书系国家社会科学基金重大项目"基于区域治理的京津冀协同发展重大理论与实践问题研究"（项目编号：17ZDA059）的阶段成果。

# 编撰者简介

**顾问：**

文　魁　首都经济贸易大学原校长、教授、博士生导师

**主要作者：**

叶堂林　首都经济贸易大学特大城市经济社会发展研究院执行副
　　　　院长、教授、博士生导师

祝尔娟　首都经济贸易大学首都经济所所长、教授、博士生导师

王雪莹　首都经济贸易大学博士生

何晶彦　首都经济贸易大学博士生

张　莹　首都经济贸易大学学生处教师

李国梁　首都经济贸易大学硕士生

毛若冲　首都经济贸易大学硕士生

李　璐　首都经济贸易大学硕士生

潘　鹏　首都经济贸易大学硕士生

# 摘　要

本研究团队通过大量文献梳理、实地调研、专家座谈与集中讨论，对京津冀协同发展研究的社会背景及历史脉络、京津冀三地在不同阶段关注的热点与重点、全面推进京津冀协同发展的重大问题及发展思路、未来京津冀协同发展研究的趋势及新趋向等一系列重大问题进行多角度、多层次的深入研究。

本书分为研究背景、历史脉络、政府关注重点、思路梳理、政策建议、研究趋势等六大部分。第一部分，重点探讨了京津冀协同发展研究的国际背景、国内背景、京津冀背景及实现意义。第二部分，依据京津冀协同发展在不同时期的文献梳理、发展背景、研究内容、研究重点、突出问题、研究方式等，把京津冀协同发展研究划分为五个阶段：理论探索阶段、深化研究阶段、战略研究阶段、整体谋划阶段和全面推进阶段。第三部分，重点对京津冀三地在不同阶段的关注重点、战略部署、区域合作等热点和重点问题进行阶段划分与梳理。第四部分，重点梳理了全面推进京津冀协同发展的战略目标、发展重点及发展思路。第五部分，重点梳理了全面推进京津冀协同发展的重大问题、政策建议及突破路径。第六部分，深入探讨了未来京津冀急需解决的热点难点问题及急需突破的重大问题与关键领域。

# 目　录

京津冀协同发展研究的社会背景与现实意义

第一章

# 一 京津冀协同发展研究的社会背景

## （一）国际背景

### 1. 城市群成为参与国际竞争的主要地理空间单元

经济全球化是当代世界经济发展的主流，第三次科技革命的发生、经济自由化的发展、跨国公司的迅猛发展以及世界范围内的市场经济体制趋同有力地推动了经济全球化的发展。自 20 世纪 80 年代以来，以贸易全球化、投资全球化、金融全球化和跨国公司生产经营全球化为主要形式的经济全球化进程空前加速。随着经济全球化的深入推进，世界各国之间的经济联系日益增强，不同国家的生产和市场相互依存，过去单纯依靠单一经济体的资源优势和本土市场的城市竞争思维日益受到挑战。在全球化的竞争与合作的大环境下，国际竞争格局也发生了深刻的变革，城市群正逐渐取代单一的国家或经济体成为参与国际竞争的地理空间单元。欧美发达国家已经占领先机，率先形成了若干个超大型城市群，成为国际竞争舞台上的主角（已形成的几个超大城市群，如美国东北部大西洋沿岸城市群、北美五大湖城市群、日本太平洋沿岸城市群、英国以伦敦为核心的城市群、欧洲西北部城市群，正在或已经成为当前国际竞争舞台上的主角），因而对其他国家特别是发展中国家而言，打造发展协调、优质高效的世界级城市群，与世界城市体系对接，是其参与全球经济角力和提升国际地位的关键。

### 2. 世界经济中心由欧洲、北美转向亚太地区，为中国城市群崛起提供了契机

进入 21 世纪以来，中印俄等新兴经济体迅速兴起，亚太地区在世

界格局中的地位随之上升，成为当今世界发展最为迅猛、最引人注目的地区之一，无论是其政治力量还是经济力量均在全球占有举足轻重的地位。毋庸置疑，全球地缘中心正在由大西洋逐渐转向太平洋地区。世界经济增长中心转向亚太地区将为作为亚太地区核心的中国带来新的发展契机。国际经验表明，世界经济中心的转移与城市群发展有着密不可分的联系：18世纪英国开启了第一次工业革命，使得英国成为当时世界经济增长中心，一大批工业城市迅速崛起，伦敦和英格兰中部地区首先形成了以伦敦至利物浦为轴线的世界级城市群。19世纪第二次工业革命后，欧洲大陆的兴起致使世界经济中心由英国转移到西欧地区，在法国大巴黎地区、德国莱茵－鲁尔地区、荷兰和比利时的中部地区形成了以巴黎、阿姆斯特丹为核心的欧洲西北部城市群。进入20世纪后，世界经济增长中心又转向北美地区，以芝加哥、多伦多为核心的跨越美加两国的北美五大湖城市群和以纽约为中心的波士华城市群因此兴起。可以预见，中国城市群将在21世纪新崛起的城市群中占有重要席位。

## （二）国内背景

### 1. 城市群逐渐成为我国国家发展战略的主要空间组织形式

当前中国城市发展正处于加速转型和全面转型新阶段，而中国相对滞后的城市化势必会拖累经济转型（周其仁，2012），转变我国城市化发展模式就成为大势所趋，需要其更加分工明确，更加集约，不仅要有差异化的竞争，更要有集群式的协作。我国许多大城市已经呈现"超负荷"态势，人口的过度集聚造成了环境恶化、交通拥堵等一系列弊病，其承载力已达上限，而集聚力却未有减弱趋势，相反大多中小城市的承载力尚有很大发展空间，但缺乏集聚力，故而发展十分缓慢。城市群很好地平衡了大城市的集聚力和中小城市的承载力，不仅能够缓解大城市的压力，提升其质量，同时使得中小城市的区位劣势弱化，成本优势强化，因此优势互补、协同演进的城市群成为我国推进新型城镇化的主要空间形态和重要载体。我国城市群的建设逐渐被提到国家发展战略的高度。国家"十一五"规划纲要中明确提出要把城市群作为推进城镇化的主体形态，逐步形成高效协调可持续的城镇化空间格局；"十二五"规划纲要中进一步指出未来要积极稳妥推进城镇化"完善城市化布局和形态，形成以大城市为依托，中小城市为重点，逐步形成辐射作用大的城市群，促进大中城市和小城镇协调发展"。作为未来我国新型城镇化发展的纲领性文件，新近出台的《国家新型城镇化规划（2014—2020年）》指出："建立完善跨区域城市发展协调机制。以城市群为主要平台，推动跨区域城市间产业分工、基础设施、环境治理等协调联动。"强调在此基础上推进各类城市协调发展。城市群建设成为国家发展战略也催生了中国城市群规划的高潮，近年来各地政府积极组织城市群区域规划，尽管此类规划多不属于法规性规划，但从规划范围和数量上也足见城市群已成为当前区域经济发展的战略空间单元。

**2. 协调南北方已经日益成为我国区域协调发展的战略重点，为我国北方城市群将带来重大机遇**

改革开放前以及改革开放初期，我国的北方地区发展一直领先于南方地区，是中国的经济重心所在。20世纪90年代后，随着经济体制的转变和改革开放的深入推进，北方经济重心的地位逐渐受到动摇，南方地区由于开放程度较高并且享受各种政策的倾斜，凭借地缘人缘优势，迅速逆转中国经济格局，后来居上，其发展势头之强劲使得南北间的区域差异迅速拉大。进入21世纪以来，为了统筹区域发展，缓解区域发展不平衡状态，我国先后实施了振兴东北地区等老工业基地、促进中部崛起、东部率先发展等重大战略举措，从而形成了目前"四轮驱动"的区域经济发展格局——"推进西部大开发，振兴东北地区等老工业基地，促进中部地区崛起，鼓励东部地区率先发展的区域发展总体战略"。在此背景下，北部地区有足够理由成为我国潜在的增长核心地区，随着我国战略重点的转移和水资源条件的改善，制约北部沿海地区发展的因素将逐步化解，以京津冀为核心的环渤海地区将成为中国经济的重要支撑（肖金成，2009）。京津冀协同发展是国家东西平衡向南北平衡转向的重大部署，是优化国家发展区域布局、调整生产力空间结构、打造新的经济增长极、形成新的经济发展方式的必然选择（周密，2016），其将与长三角、珠三角共同成为主导中国经济发展的三极。

**3. 典型示范已成为我国探索区域协调发展新发展路径的重要手段**

2008 年金融危机之后，我国经济发展面临增长结构性减速、发展差距扩大、环境污染日益严重和资源承载力不足等诸多问题，城市群发展面临核心城市对其周边地区带动不足、核心城市自身面临严重"大城市病"等问题，为解决上述问题，亟须寻找经济体量相当、上述问题典型的区域，通过改革创新，为我国探索人口经济密集地区优化开发模式，走出一条中国特色解决"大城市病"的路子。而京津冀区域正面临区域内发展差距过大（环首都贫困圈）、核心城市生态环境恶化（PM2.5 浓度高、雾霾严重）、交通拥堵、土地和水资源短缺、房价居高不下等问题，在我国具有典型性，如何通过核心城市与所在区域的协同发展破解核心城市集聚度过高而周边地区发展不足的问题，可为全国区域协调发展体制机制创新提供经验，可为完善城市群形态、优化生产力布局和空间结构、打造具有较强竞争力的世界级城市群提供启示。

**（三）京津冀区域背景**

**1. 中央的推动使京津冀协同发展上升为国家战略**

京津冀地缘相接、人缘相亲，地域一体、文化一脉，历史渊源深厚、交往半径相宜，完全能够相互融合、协同发展。京津冀是继长三角、珠三角城市群之后我国又一个最具活力的城市群和经济增长极，也是我国北方最大和发展水平最高的经济核心区域。在国家"十二五"规划纲要中提出推进京津冀区域一体化，打造首都经济圈。新一届领导集体更是对京津冀的发展给予了高度重视，中共中央总书记习近平多次对京津冀区域协同发展提出重大战略思想，2013年5月在天津考察时公开提出了"要谱写新时期社会主义现代化的京津'双城记'"的战略构想。2013年8月，习近平在北戴河主持研究河北发展问题时，又提出要推动京津冀协同发展。特别是2014年2月26日习近平在听取京津冀协同发展工作汇报时，将京津冀协同发展上升为国家战略，并对三地协作提出七项具体要求。随后，李克强总理所做的首份施政报告提出将"加强环渤海及京津冀地区经济协作"作为2014年重点工作，京津冀一体化也因此成为各方关注的焦点。党的十九大报告明确提出，"以疏解北京非首都功能为'牛鼻子'推动京津冀协同发展"。推动京津冀协同发展，打造以首都为核心的世界级城市群，是新时期我国解决区域不平衡、不协调问题的重要实践，是统筹推进"五位一体"总体布局、协调推进"四个全面"战略布局的具体体现，对于实现"两个一百年"奋斗目标和中华民族伟大复兴的中国梦具有重大战略意义。

**2. 三地协同发展进入实战阶段的时机业已成熟**

京津冀一体化的设想始于20世纪80年代，对于三地协同建设一直不乏规划和研究，但多年过去，尽管三地对于相互协作有一定的共识，但京津冀一体化仍然在浅尝辄止的阶段徘徊，三地尤其是京津两市过去很长时间存在定位不明晰的问题，利益关系难以理顺，协同发展的需求并不迫切，致使京津冀城市群的发展远远落后于长三角、珠三角，因此有学者评论京津冀发展"起大早，赶晚集"。长期以来的区域内部的行政区经济分割力大于整合力，使得京津冀地区在发展过程中产生了诸多矛盾和问题，"倒逼"三地协同发展：一是三地各自存在转型发展的瓶颈。北京进入后工业化阶段，人口过度膨胀，功能过度集中，使得城市不堪重负，"大城市病"严重，亟须疏解中心城市功能，需要尽快将非首都功能疏解出去。天津处于工业化后期，经济发展亟须从投资驱动向创新驱动和消费驱动转型。河北发展与北京和天津存在较大的差距，长期以来，河北以高能耗、高污染的重化工业为其主导产业，造成巨大环境压力，亟待调整产业结构和产业结构优化升级。处于工业化不同时期的三地生产方式和结构上都有着较强的互补性，客观上具备了区域间产业转移优化的可能。二是三地共同面临生态环境恶化的巨大挑战。近年来，我国极端大气污染事件频发，空气质量呈现加速恶化的态势，京津冀地区是其中最典型、影响最大的区域。京津冀集聚了大量的高污染产业，如水泥、钢铁、石化等，与此同时，京津冀所处的地形和气候条件不利于污染扩散，环境自净能力弱。频发的霾污染事件为京津冀环境危机拉响警报，协调经济发展与环境污染之间的矛盾京津冀和则立，分则损，三地联手已成为大势所趋。同时，京津冀三地协同发展的共识增强。近年来，京津冀三省市相互签署了新一轮合作框架协议，建立了多层次、宽领域的协作关系，协同发展的思路日渐清晰、领域不断拓宽。

**3. 京津冀协同发展的顶层设计基本完成，各项制度政策不断完善**

2015 年 2 月 10 日，习近平总书记主持召开中央财经领导小组第九次会议，审议研究京津冀协同发展规划纲要。2015 年 4 月 30 日，习近平总书记主持召开中央政治局会议，审议通过了《京津冀协同发展规划纲要》，为京津冀协同发展战略实施提供了形成强大合力的行动指南。该规划纲要的出台标志着京津冀协同发展进入全面实施、加快推进的新阶段。随后，《京津冀协同发展交通一体化规划》《京津冀协同发展生态环境保护规划》《京津冀产业转移指南》等相继出台。2016年 2 月，《"十三五"时期京津冀国民经济和社会发展规划》印发实施。这是全国第一个跨省市的区域"十三五"规划，是推动京津冀协同发展重大国家战略向纵深推进的重要指导性文件，明确了京津冀地区未来五年的发展目标。

**4. 北京城市副中心的建设、雄安新区的设立推动了北京非首都功能疏解和京津冀协同发展的进程**

2016 年 3 月 24 日，习近平总书记主持召开中央政治局常委会会议，审议并原则同意《关于北京市行政副中心和疏解北京非首都功能集中承载地有关情况的汇报》。2017 年 4 月，党中央为深入推进京津冀协同发展作出重大决定：设立河北雄安新区，这标志着京津冀区域已经进入更高水平的协同发展阶段，对解决北京"大城市病"，集中疏解北京非首都功能，探索人口密集地区优化开发新模式，调整优化京津冀城市布局和空间结构，培育创新驱动发展新引擎，具有重大现实意义和深远历史意义。2019 年 1 月，国务院相继批复了《河北雄安新区总体规划（2018 - 2035 年）》和《北京城市副中心控制性详细规划（街区层面）（2016 - 2035 年）》。2019 年 1 月 11 日，北京市委和市政府正式由东城区搬迁至通州区的城市副中心。2019 年 1 月 16 日至 18 日，中共中央总书记习近平在京津冀考察并组织召开了京津冀协同发展座谈会，对推动京津冀协同发展提出了 6 个方面的要求。

## 二 京津冀协同发展研究的现实意义

### （一）为三地政府进行顶层设计和高层统筹提供决策参考

京津冀区域内的主体具有其他地区不具备的特殊性，一个首都、一个直辖市和一个省级单位，在新形势下，京津冀的发展必须跳出"一亩三分地"的惯性思维，形成一套强有力的组织领导机制和协调推进机制，否则京津冀的协同发展也很难实质性地推进。因此对于京津冀的规划需要站在顶层设计的高度全盘统筹,对交通布局一体化、产业布局一体化、城镇布局一体化、公共服务一体化、社会政策一体化等问题的研究和探讨,可以为京津冀实现规划同图、交通同网、环境同治、产业同链、服务同享、社会同心的战略部署提供决策参考。

## (二) 寻求京津冀协同发展过程中重大问题的破解之道

由于长期以来京津冀的不均衡发展,河北与京津两地之间存在较大的差距,因此在全面推进京津冀协同发展的过程中存在许多难点,如何将北京城市功能疏解与带动周边发展相联系?在京津冀大中小城市协调发展的目标下各城市有着怎样的定位?京津冀产业转移与承接、产业空间优化存在怎样的机制?如何构建三地区域协调机制和管理制度?将"环首都贫困带"变为"首都发展带"的有效途径是什么?这些都是三地政府需要面临的现实而重大的问题,对京津冀协同发展的研究现实意义之一即是为了破解以上诸多问题。

## (三) 为中国打造首都经济圈,构建世界级城市群参与全球经济角力提供新思路

首都经济圈意指以首都为核心形成的经济一体化区域,世界著名城市如巴黎、伦敦、东京、首尔等,均以城市群的形式实现其自身的发展,成为当今世界经济发展的领跑者,并在各自国家形成了"首都经济圈",成功带动其整个国家在全球经济格局中的崛起。打造首都经济圈重点需要研究京津冀三地如何建立起稳定高效的对接协调机制。比如建立常态化多层次协商对话机制,改变目前地方政府倡导式的非制度性合作协调机制,增强区域合作机制的稳定性、紧密性和硬约束;建立规划对接机制,加强地方规划与国家级规划的衔接与协调,以及

地方规划相互衔接，加强规划间的联动实施。作为正在转型和崛起中的大国，中国需要将首都经济圈打造成为世界级城市群，助力中国在世界竞争新形势下抢占高位。加强京津冀协同发展的研究，探求适宜首都经济圈发展的体制创新机制，可以为中国参与全球竞争提供新的突破口和切入点。

# 第二章

京津冀协同发展理论研究的历史脉络

# 一 京津冀协同发展研究的文献分析

## (一) 关于京津冀区域发展研究的文献数量变化趋势分析

我们以"京津冀""环渤海"为主题词(因"首都圈"一词代指区域过于宽泛,在此不做主题搜索词使用)在 CNKI 数据库进行检索,可以清晰地看到京津冀相关文献数量变化趋势(见图 2－1)。1994 年之前的相关文章零星而分散,一直处于低水平小幅波动,1994 年是第一个较为明显的增长点,文章数量由 1993 年的 34 篇增加至 181 篇。第二个明显的增长点在 2004 年,自 2004 年起至 2013 年相关研究的数量进入了快速增长期,且呈现均匀增长趋势。2014 年起文章数量激增,由 2013 年的 1352 篇增加至 4021 篇,新一轮研究热潮自此开启,此后始终保持在较高的水平。

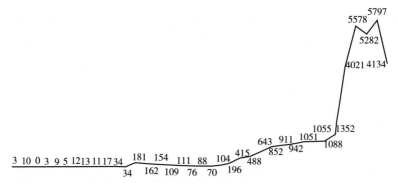

图 2－1 "京津冀""环渤海"相关文献数量变化(1982～2018 年)(篇)

## （二）基于 CitySpace 的京津冀区域发展知识图谱分析

由于京津冀地区在中国区域发展战略中的重要地位，对京津冀的研究由来已久，随着经济社会的发展，学者对于京津冀地区的关注点一直处于变化和调整之中，为厘清不同时期的研究热点以及热点之间的网络联系，更深刻地理解各学科关于京津冀的研究领域、研究方向和研究现状，本研究基于 CiteSpace 方法对京津冀协同发展的研究演化做出分析。

### 1. 数据来源

本研究以中国知网数据库（CNKI）为数据检索源，通过"期刊检索"中的"高级检索"模块收集数据。以"京津冀""环渤海"为篇名对相关期刊进行检索，时间跨度为 1998～2018 年，来源类别为 CSS-CI，检索条件为精确，共得到相关期刊 1967 篇（检索时间为 2019 年 7 月 10 日）。为保证研究质量，识别剔除书评、学术研讨会综述、文献综述、会议纪要、期刊征稿通知、新闻报道等，最终获得有效文献共计 1864 篇。

### 2. 研究方法

本文运用陈超美教授于 2004 年开发的信息可视化软件——CitySpace 对"京津冀""环渤海"相关文献进行计量分析。该软件能有效揭示某一研究领域演化的关键路径及转折点，并通过一系列可视化图谱的绘制探寻研究演化的潜在动力机制和发展前沿，近年来被广泛应用于科学文献计量领域。本文应用 CitySpace 中的作者分析、研究机构分析、关键词聚类分析、热点词凸显分析等功能，以期探寻近 20 年来有关"京津冀""环渤海"研究的热点问题及演进趋势。

### 3. 研究结果分析

（1）京津冀区域发展领域研究的代表人物和代表机构

对 1998～2018 年京津冀区域发展领域的 1864 篇文献进行统计分析

发现发表高质量期刊数量最多的作者是孙久文、韩增林，都是发表 13
篇 CSSCI 期刊文章，在该领域具有很强的学术影响力。由普赖斯定律
计算[①]可得到 $M \approx 0.749 \times 3.6 = 2.69$，因此该领域发文数大于 2 篇的作
者即为核心作者。统计结果显示，核心作者共有 50 位，表 2 - 1 为排
名前 10 位的核心作者，图 2 - 2 为京津冀区域发展研究领域代表人物。

表 2 - 1　1998 ~ 2018 年京津冀区域发展研究领域发表

CSSCI 期刊数量位居前十名的作者

| 排序 | 作　者 | 发文频次 | 主要研究领域 |
| --- | --- | --- | --- |
| 1 | 孙久文 | 13 | 区域经济理论、区域规划 |
| 2 | 韩增林 | 13 | 区域发展规划、交通运输地理及海洋经济地理 |
| 3 | 魏丽华 | 11 | 产业经济学、政治经济学 |
| 4 | 李　健 | 10 | 循环经济、生态工业工程 |
| 5 | 苑清敏 | 10 | 循环经济、区域可持续发展及生态工业工程 |
| 6 | 高素英 | 8 | 产业经济与区域发展战略 |
| 7 | 张　伟 | 8 | 环境经济仿真与模拟 |
| 8 | 周立群 | 7 | 市场经济运行、企业组织理论 |
| 9 | 李国平 | 7 | 经济地理、区域经济、城市与区域规划研究 |
| 10 | 张　贵 | 7 | 产业创新、区域经济 |

为考察不同研究机构间的合作情况，绘制了京津冀区域发展领域
机构合作图谱，其中节点大小代表发文量，连线反映机构合作情况
（见图 2 - 3）。发表高质量论文数量位居前十的机构分别为中国科学院
地理科学与资源研究所（48 篇）、河北工业大学经济管理学院（38
篇）、辽宁师范大学海洋经济与可持续发展研究中心（36 篇）、燕山大

---

① 　根据普赖斯定律，核心作者的认证公式为 $M = 0.749 \sqrt{N_{max}}$。

CiteSpace, v. 5.3.R4 (64-bit)
2019年7月11日 上午10时39分17秒
CHKI: C:\Users\wangx\Desktop\data
Timespan: 1998-2018 (Slice Length=1)
Selection Criteria: Top 50 per slice, LRF=2, LBY=8, e=2.0
Network: N=242, E=157 (Density=0.0054)
Largest CC: 13 (5%)
Nodes Labeled: 5.0%
Pruning: None
Modularity Q=0.9579
Mean Silhouette=0.4249

图 2 - 2    1998～2018 年京津冀区域发展研究领域代表人物

学经济管理学院（35 篇）、南开大学经济学院（31 篇）、天津大学管理
与经济学部（30 篇）、首都经济贸易大学城市经济与公共管理学院
（28 篇）、河北大学经济学院（27 篇）、北京大学政府管理学院（23
篇）、中国人民大学经济学院（19 篇），以上研究机构在京津冀区域发
展研究领域具有较高的学术影响力；机构合作网络中共有节点 182 个，
连线 128 条，网络整体密度为 0.0078，说明在京津冀区域发展研究领
域不同机构之间的合作密切，研究团体比较集中，已形成极具凝聚力
的科研群体。

（2）京津冀区域发展领域研究热点的聚类分析

经统计分析热点聚类，形成主题词知识共现图和热点聚类知识图

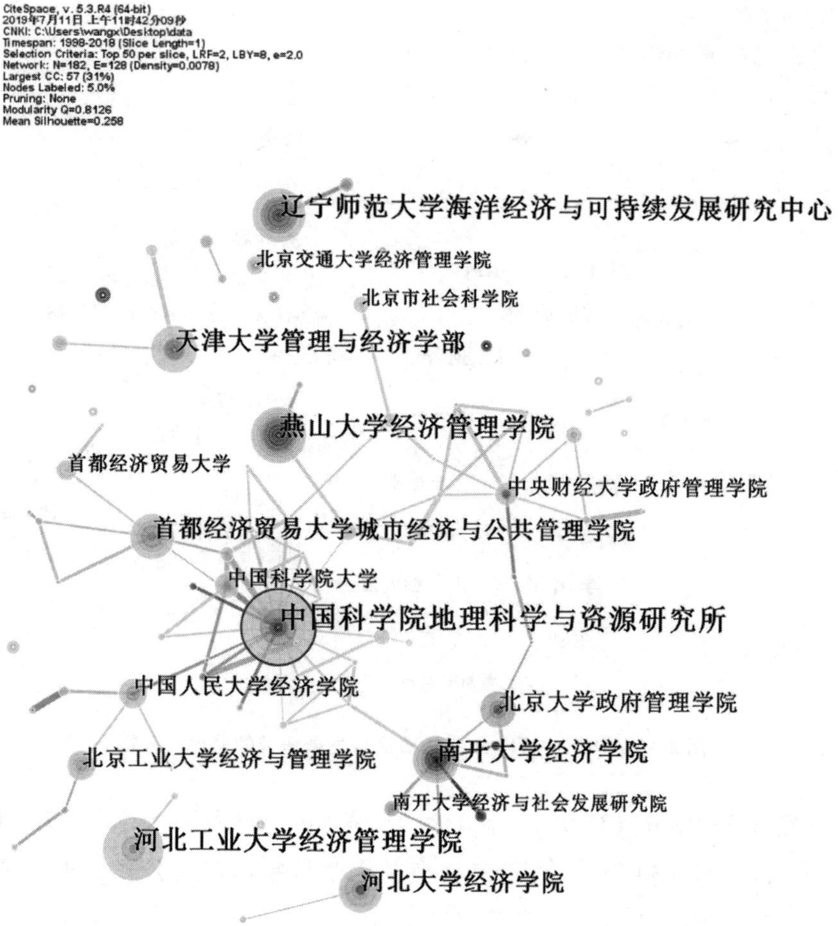

CiteSpace, v. 5.3.R4 (64-bit)
2019年7月11日 上午11时42分09秒
CNKI: C:\Users\wangx\Desktop\data
Timespan: 1998-2018 (Slice Length=1)
Selection Criteria: Top 50 per slice, LRF=2, LBY=8, e=2.0
Network: N=182, E=128 (Density=0.0078)
Largest CC: 57 (31%)
Nodes Labeled: 5.0%
Pruning: None
Modularity Q=0.8126
Mean Silhouette=0.258

辽宁师范大学海洋经济与可持续发展研究中心

北京交通大学经济管理学院

北京市社会科学院

天津大学管理与经济学部

燕山大学经济管理学院

首都经济贸易大学

中央财经大学政府管理学院

首都经济贸易大学城市经济与公共管理学院

中国科学院大学

中国科学院地理科学与资源研究所

中国人民大学经济学院

北京大学政府管理学院

北京工业大学经济与管理学院

南开大学经济学院

南开大学经济与社会发展研究院

河北工业大学经济管理学院

河北大学经济学院

图 2 - 3  1998 ~ 2018 年京津冀区域发展领域研究的代表机构

谱，网络节点数为 330，连线数为 1066，ModularityQ 值①为 0.4589，MeanSihouette 值为 0.4063，处于合理范围内，说明该关键聚类网络具有显著性特征，网络聚类效果较好。围绕"京津冀""环渤海"主题，主题词知识共现图中展示了京津冀协同发展、京津冀一体化、京津冀

———————————

①  ModularityQ 处于 0.4 ~ 0.8 为合理范围。

城市群、京津冀都市圈、经济增长、协同治理、协同创新、产业结构、产业转移、生态治理、雄安新区、滨海新区等出现频次较高的相关主题词（见图2-4）。热点聚类知识图谱中展示了9个聚类，代表国内京津冀区域发展领域研究的主要方向：京津冀协同发展、环渤海地区、京津冀城市群、大气污染、经济增长、京津冀一体化、生态文明建设、环渤海、环渤海地区（见图2-5）。总的来看，学者们往往将京津冀城市群、京津冀都市圈、环渤海区域作为研究的地域范围，注重京津冀协同发展、京津冀一体化、协同治理方向的研究，研究的主要方面包括经济增长、协同创新、产业结构、产业转移、生态治理等。此外，对于雄安新区及滨海新区的研究也较多。

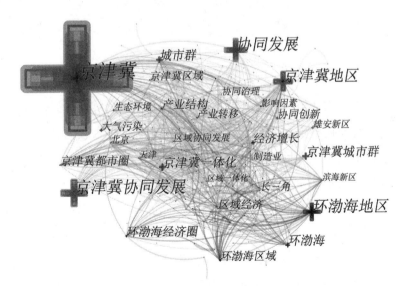

CiteSpace, v. 5.3.R4 (64-bit)
July 10, 2019 3:56:56 PM CST
CNKI: C:\Users\wangx\Desktop\data
Timespan: 1998-2018 (Slice Length=1)
Selection Criteria: Top 50 per slice, LRF=2, LBY=8, e=2.0
Network: N=330, E=1066 (Density=0.0196)
Largest CC: 316 (95%)
Nodes Labeled: 5.0%
Pruning: None
Modularity Q=0.4589
Mean Silhouette=0.4063

**图2-4　国内京津冀区域发展领域主题词知识共现图**

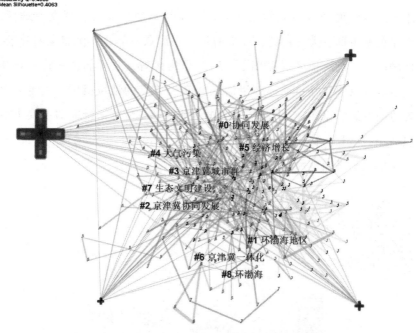

图 2-5　国内京津冀区域发展领域热点聚类知识图谱

（3）京津冀区域发展领域研究热点的演进趋势分析

突变词指在较短时间内出现较多或使用频率较高的词，根据突变词的词频变化可以判断研究领域的前沿与趋势。由于有关京津冀区域发展的研究历经时间久、研究范围广，故选取了 48 个突变词来做分析。可以看出，1998～2018 年，这一领域的研究主要经历了重点研究区域由环渤海区域转向京津冀区域，由主要研究产业集群扩展到研究区域合作、区域经济一体化，再到区域一体化、京津冀协同发展，最后趋于细化研究金融一体化、产业结构升级、大气污染防治、基本公共服务等。具体来看，1998～2004 年，学者们主要关注环渤海区域研究，2005 以后开始注重京津冀区域研究。2005～2013 年，学者们将研究重点转移至产业集群、区域合作等方面，期待通过产业结构调整，促进经济增长，实现都市圈发展。同时，注重与长三角、珠三角的对标研究，找出竞争力所在，探索区域发展路径，实现区域一体化发展。2014～2018 年，学者们主要研究京津冀一体化和京津冀协同发展如何实现，从顶层设计、产业布局、环境治理、区域城市空间布局等领域展开研究。特别是2016 年以后，学者们的研究范围更加细化，关注大气污染防治、环境治理、产业转移、产业结构升级、协同立法、基本公共服务等领域的协同研究。

| 关键词 | 年份 | 强度 | 开始年份 | 结束年份 | 1998~2018 |
|---|---|---|---|---|---|
| 环渤海地区 | 1998 | 41.9798 | 1998 | 2013 | |
| 京津冀都市圈 | 1998 | 10.6956 | 2005 | 2013 | |
| 环渤海经济圈 | 1998 | 15.7272 | 2005 | 2013 | |
| 京津冀区域 | 1998 | 1.0501 | 2006 | 2008 | |
| 环渤海区域 | 1998 | 14.5084 | 2006 | 2013 | |
| 滨海新区 | 1998 | 5.9735 | 2006 | 2010 | |
| 产业 | 1998 | 2.513 | 2006 | 2007 | |
| 产业集群 | 1998 | 3.6085 | 2006 | 2009 | |
| 环渤海 | 1998 | 18.6707 | 2007 | 2013 | |
| 长三角 | 1998 | 3.3688 | 2008 | 2010 | |
| 对策 | 1998 | 4.1927 | 2008 | 2010 | |
| 区域经济 | 1998 | 6.5943 | 2008 | 2011 | |
| 都市圈 | 1998 | 1.7033 | 2008 | 2014 | |
| 区域合作 | 1998 | 2.9687 | 2008 | 2012 | |
| 环境库兹涅茨曲线 | 1998 | 1.826 | 2009 | 2014 | |
| 珠三角 | 1998 | 1.9431 | 2010 | 2014 | |
| 制造业 | 1998 | 1.7291 | 2010 | 2011 | |
| 竞争力 | 1998 | 2.4157 | 2010 | 2012 | |
| 路径选择 | 1998 | 1.9431 | 2010 | 2014 | |
| 影响 | 1998 | 2.5287 | 2010 | 2011 | |
| 区域经济一体化 | 1998 | 4.841 | 2010 | 2012 | |
| 海洋经济 | 1998 | 3.6614 | 2011 | 2014 | |
| 区域一体化 | 1998 | 2.9772 | 2011 | 2014 | |
| 北京 | 1998 | 1.2464 | 2011 | 2014 | |
| 产业结构 | 1998 | 1.4948 | 2011 | 2012 | |
| 经济增长 | 1998 | 3.2573 | 2012 | 2014 | |
| 京津冀一体化 | 1998 | 8.3759 | 2014 | 2015 | |

| | | | | | |
|---|---|---|---|---|---|
| 顶层设计 | 1998 | 2.6775 | 2014 | 2015 | |
| 天津 | 1998 | 2.2841 | 2014 | 2015 | |
| 财政金融 | 1998 | 1.7833 | 2014 | 2015 | |
| 产业布局 | 1998 | 1.2876 | 2014 | 2016 | |
| 协同发展 | 1998 | 10.7049 | 2014 | 2015 | |
| 城市规模分布 | 1998 | 1.7804 | 2015 | 2016 | |
| 河北省 | 1998 | 1.8184 | 2015 | 2016 | |
| 世界级城市群 | 1998 | 1.3768 | 2015 | 2018 | |
| 区域治理 | 1998 | 2.1375 | 2015 | 2016 | |
| 金融一体化 | 1998 | 1.7804 | 2015 | 2016 | |
| 产业分工 | 1998 | 1.8184 | 2015 | 2016 | |
| 区域差异 | 1998 | 1.4236 | 2015 | 2016 | |
| 环境治理 | 1998 | 2.4297 | 2016 | 2018 | |
| 北京市 | 1998 | 1.1063 | 2016 | 2018 | |
| 大气污染防治 | 1998 | 1.1063 | 2016 | 2018 | |
| 产业转移 | 1998 | 1.7346 | 2016 | 2018 | |
| 产业结构升级 | 1998 | 1.7339 | 2016 | 2018 | |
| 雾霾 | 1998 | 1.1063 | 2016 | 2018 | |
| 协同立法 | 1998 | 2.0816 | 2016 | 2018 | |
| 基本公共服务 | 1998 | 1.3864 | 2016 | 2018 | |
| 京津冀协同 | 1998 | 2.4324 | 2016 | 2018 | |

图 2-6　1998～2018 年京津冀区域研究热点示意图

## 二　京津冀协同发展理论研究的阶段划分

　　本研究认为判断京津冀理论研究发展阶段不仅仅要通过文献研究，还要分析不同时期的发展背景、研究内容、研究重点、突出问题、研究方式等。改革开放以来，京津冀区域发展与合作经历了长足、富有成效的发展，京津冀区域协同发展大致可分为五个阶段：理论探索阶段、深化研究阶段、战略研究阶段、整体谋划阶段和全面推进阶段（见表2-2）。专家学者在不同发展阶段，围绕京津冀一体化展开了多层次、多视角的研究和讨论，提出了很多具有重要参考价值的理论观点和政策建议。在京津冀协同发展全面推进、重点突破的今天，重新审视京津冀协同发展研究的历史进程和重要观点，对实践发展具有重要的理论指导意义和政策参考价值。

表 2－2　京津冀协同发展阶段划分依据

| 划分依据 | 理论探索阶段（1978～1992 年） | 深化研究阶段（1993～2005 年） | 战略研究阶段（2006～2013 年） | 整体谋划阶段（2014～2015 年） | 全面推进阶段（2016 年至今） |
| --- | --- | --- | --- | --- | --- |
| 研究背景 | 区域合作成为区域发展内在要求；国家组织开展国土规划；环渤海经济区提出 | 北京实施城市总体规划；河北提出两环开放带动战略；"首都经济"相继提出；环渤海合作廊坊共识；京津冀区域规划座谈会 | 北京承办奥运会；天津滨海新区开放开发；建立促进京津发展协调沟通机制；打造首都经济圈；推进河北沿海地区发展 | 京津冀协同发展上升为国家战略；加强环渤海及京津冀地区经济协作；京津冀三地签署多领域合作协议；京津冀协同发展规划纲要出台，《十三五》时期京津冀国民经济和社会发展规划印发实施 | 疏解工作取得初步成效，京津冀协同发展在重点领域实现突破；北京城市副中心建设，雄安新区设立；《北京城市副中心控制性详细规划》《河北雄安新区总体规划（2018—2035 年）》出台 |
| 研究内容 | 京津冀横向经济联合；京津冀共同市场建设；京津冀"大行政区"设想；京津冀旅游协作 | 首都圈战略与协同发展规划；产业结构调整；区域合作；金融合作；区域生态环境治理；交通、产业、科技等一体化发展 | 首都经济圈建设目标；首都圈空间格局、首都经济圈圈圈一体化；区域一体化协调机制；政策 | 京津冀协同发展战略和实现条件；城市功能定位、功能疏解及城镇布局；战略重点、实现路径及突破口选择 | 非首都功能疏解；"一体两翼"空间布局构建；协同发展重点领域突破；公共服务均等化；协同创新；打造以北京为核心的世界级城市群 |

续表

| 划分依据 | 理论探索阶段（1978～1992年） | 深化研究阶段（1993～2005年） | 战略研究阶段（2006～2013年） | 整体谋划阶段（2014～2015年） | 全面推进阶段（2016年至今） |
|---|---|---|---|---|---|
| 研究重点 | 京津冀合作的必要性；建设以统一市场为核心的区域经济一体化 | 区域规划与合作；区域经济一体化；区域产业结构优化；区域多领域合作 | 首都圈战略新定位；京津冀空间优化；区域管理制度及升级；区域一体化路径选择 | 以国家战略高度和区域整体为视角；顶层设计与功能定位；致力探索京津冀一体化的模式和路径 | 疏解北京非首都功能；雄安新区及城市副中心建设；产业、交通、生态、基本公共服务等共建共治制度设计 |
| 突出问题 | 多为理论探讨和设想；文献数量极少；研究不深入；政策建议缺乏科学性 | 战略目标定位不清晰；合作体制机制未建立；专业领域合作不深入；政策措施缺乏针对性；区域差距尚未缩小 | 一体化症结、问题仍旧很多；缺乏可操作性；专业领域和关键领域仍未突破；缺乏正式规划方案；战略对接不力 | 功能疏解缓慢；未走出"行政区"掣肘；未建立区域人口转移与合理分布的制度性安排；区域协同与对接机制仍在探索 | 协同发展进入攻坚克难的关键时期；协同发展的实践路径需深化研究；体制机制改革、区域合作模式仍需加强探索 |
| 研究方法 | 理论探讨 | 理论研究为主，计量研究为辅 | 研究方法多元化 | 研究方法更全面、更具针对性 | 注重实践研究，引入新方法 |
| 文献数量 | 154篇 | 4106余篇 | 14381篇 | 9600篇 | 15216篇（至2018年） |

## （一）理论探索阶段（1978～1992年）

### 1. 研究背景

自1978年改革开放以后，中国的现代化建设取得突飞猛进的发展，打破行政分割，推进区域合作成为区域发展的内在要求。20世纪80年代由于受到经济全球化和区域一体化的影响，国家开始有组织地开展国土规划，它是以全国或一定区域在一定时期内开发和利用资源、整治和保护环境以及人口、资源、环境在全国一定区域、空间的相互协调为主要内容。在这种情况下，为实现地区经济一体化发展，一些地区开始了区域协调发展的探索和实践。1986年，在时任天津市市长李瑞环的倡导下，环渤海地区15个城市共同发起成立了环渤海地区市长联席会。京津冀区域经济概念也随之提出，理论界展开了热烈的研讨。

### 2. 研究重点

这一时期主要围绕京津冀合作发展的必要性及建设统一市场为核心的区域经济一体化等进行探讨。现存资料中，较早研究京津冀区域发展的学者是许树立（1986），他提出的京津冀横向经济联合，是对条块分割、地区封锁的有力冲击，是经济体制改革的重要内容。王玲（1986）探讨北京首都圈的形成、发展、结构及其作用，认为北京城市圈主要有两个层次，应加强首都圈内的城市之间的经济联系及合作发展。傅林生等人（1989）根据国家体改委拟在京、津、冀试办区域性共同市场的设想，对其进行了可行性、必要性及实施对策等的初步研究，提出建立京、津、冀农副产品与工业品共同市场和华北五省区（京、津、冀、晋、蒙）共同市场。刘大水、王丽萍（1991）对京津冀发展关系中的极化、扩散、联合这三个方面做了较为客观的分析，他们认为这是对河北省发展影响较大的问题。廉仲在1991年京津冀城市协调发展研讨会上，提出要加强城市与周边农村的联系，

特别是与其周围城市的联系和合作予以足够的重视。刘纯彬
（1992）提出建立京津冀大行政区的设想，认为京津冀共居同一环
境，共用同一资源，共争同一市场，而行政区划却为三足鼎立局
面，在发展上存在一系列严重的矛盾和纠葛。建议通过建立京津冀
大行政区的设想，来解决上述问题。郭康（1988）指出京津冀旅
游协作的重要性，提出应尽快建成北京—天津—唐山—秦皇岛—承
德"旅游东环线"和北京—保定—清西陵—五台山—石家庄等"旅
游东环线"。

### 3. 研究评述

这个时期的理论探讨多为设想和探索，主要探索京津冀区域经济
协同发展的可行性、必要性，文献数量较少，研究还并不深入，并未
形成统一的发展思路。这一阶段研究重点主要集中在环渤海，对京津
冀的研究相对较少，多为理论探讨及可行性分析，对阻碍区域经济联
系和地区合作的体制障碍的研究仍显不足，很多京津冀区域发展的建
议策略缺乏现实依据及可操作性。

## （二）深化研究阶段（1993～2005 年）

### 1. 研究背景

1993 年，北京全面实施《北京城市总体规划》，河北省委提出两
环（环京津、环渤海）开放带动战略。1993 年杨开忠教授就提出"迈
向空间一体化"的重要观点，提出要积极培育和发展各具特色、合理
分工与协作的华（东）南、环上海和环渤海经济圈，协同加入国际经
济竞争与合作，带动全国经济发展。1997 年北京市第八次党代会正式
提出"首都经济"的概念，以后演变成为北京重点发展"总部经济"，
生产基地布局在天津、河北。2000 年吴良镛先生提出"大北京"的概
念，提出以北京、天津"双核"为主轴，以唐山、保定为两翼，疏解
大城市功能，调整产业布局，发展中等城市，建设"世界大城市"的

宏伟战略。2004 年 2 月，国家发改委召集京津冀三地发改部门负责人在廊坊召开京津冀区域经济发展战略研讨会，达成"廊坊共识"。2004 年 6 月，环渤海合作机制会议在廊坊举行，会议草拟了《环渤海区域合作框架协议》。2005 年 1 月，国务院常务会议通过《北京城市总体规划（2004—2020）》。规划提出，积极推进环渤海地区的经济合作与协调发展，加强京津冀地区的协调发展，要基本形成以北京、天津为中心的"两小时交通圈"。2005 年 6 月，国家发改委在唐山召开"京津冀区域规划工作座谈会"，逐步形成了政府、行业、企业间多种形式合作与交流的新格局。随着京津冀区域合作与发展进程的不断深入，相关的理论研究也迎来了一个新的契机。这一切表明京津冀区域合作已从构想、探索阶段逐渐进入启动和实践阶段。

**2. 研究内容及重点**

（1）对首都圈战略的研究

杨开忠（1993）认为，环渤海经济圈要以京津唐、辽中南地区和山东半岛为中心，通过加快制度和技术创新步伐，带动华北、东北直至西北经济发展，促进华北、东北经济区的形成和发展。孙洪铭（1993）认为，必须跳出北京辖区，从京津冀这个更大的地域空间研究北京的城市发展问题。杨开忠（2000）系统地提出把首都圈建设成为具有全球控制能力的双核心国际区域，并详细论述了空间联系（网络化基础设施）、职能疏导、空间结构调整的三大战略。吴良镛院士（2001）提出核心城市"有机疏散"与区域范围的"重新集中"，实施双核心、多中心都市圈战略，实现从"单中心放射式"向"双中心网络式"区域交通运输体系的转变，重组发展空间。

（2）空间相互作用和发展规划的研究

穆学明（1995）根据城镇体系的现状分布，按照区域经济整体考虑，提出了"T"型城市带的设想，即由北京、天津、京津唐高新技术产业带构成京津双心轴向城市带，与由秦皇岛、唐山（含王滩港）、宁河、滨海新区（含汉沽、塘沽、海河下游区域、大港）、黄骅、沧州市构成的环渤海明珠链组成"T"型城市带。吴良镛（2001）等借鉴国外大城市地区规划理论与实践研究的成果，从区域的角度提出解决京津冀地区城市问题的可行途径，即以京津"双核"为主轴，以唐保为两翼，在沿交通轴合适的发展地带，布置"葡萄串"式的城镇走廊。同时，将交通轴、"葡萄串"式的城镇走廊融入区域生态环境中，通过空间上的"疏散"和"集中"，形成完善的城镇网络，促进区域整体发展。陆军（2002）通过对京津冀城市经济区域空间扩散的历史演变及现实形态的实证描述，来解释经济系统进行空间扩散的一般规律。于涛方（2005）通过探讨京津冀相应都市区的结构特征及空间组合特征等，进而确定不同层次京津冀全球城市区域的整体范围边界和内部结构边界。

（3）京津冀区域产业结构调整的研究

刘卫东（1993）认为，京津冀地区可以调整空间结构，将耗水型工业布局推向滨海以大规模利用海水，他认为建设滨海节约淡水产业带是解决京津冀地区经济发展与水资源短缺间矛盾的一个重要途径。戴宏伟、马丽慧（2002）提出，京津冀可以根据技术和产业梯度进行产业合理转移，实现京津冀经济区内经济发展和产业结构调整的"双赢"局面。纪良纲、晓国（2004）提出，整合京津冀地区的存量资源，积极推动京津冀形成基础设施衔接、支柱产业配套、新兴产业共建、一般产业互补的梯度开发模式与分工协作体系，是推进京津冀一体化中不可或缺的重要一环，也是提高区域竞争力的根本途径。张雪梅、孙武志（2005）认为，京津冀物流一体化面临的主要问题是未能形成适应区域现代物流发展的市场经济体制和运行机制；未能形成符合区域现代物流业要求的跨地区、跨行业、复合型的物流产业。可以说，这一阶段，学者对京津冀区域发展进行了多角度、多层面的理论探讨，为推进京津冀区域一体化奠定了重要的思想基础。

（4）京津冀区域一体化发展的研究

王爱春（1995）认为，地处渤海湾中枢地带的京津冀有许多其他经济区域无法比拟的发展条件和优势，可以以港口为对外开放窗口，逐步向内地扩展。宋要津、姚绍学等（1997）认为，京津冀三省市技术水平的明显差异，决定了该区域要尽快完善区域科研管理体制，实现技术经济一体化。汪鸣（2000）认为，京津冀必须建立一个以联合运输为主要内容的综合运输网络，即京津冀地区实现区域交通一体化。王亭亭（2001）指出，为了发挥优势，扬长避短，各个城市应依靠科技进步，利用现有产业优势和区位优势，建立合理的产业结构，提高区域的竞争能力。王亭亭（2002）认为，制约区域经济一体化最根本的因素是在现有体制安排下，特别是在财政体制安排下地方经济利益的分配问题。陆军（2002）提出，要建立以京津为核心，以河北省为腹地的高等级、高层次的城市群体或城镇网络。张可云（2004）依据区域经济合作发展的一般规律与发达国家经验，提出完善京津冀都市圈合作机制，关键在于完善区域管理制度基础，即京津冀都市圈企业主导型合作，应该注意克服地方利益矛盾，并利用合理的政策促进地区间企业合作。

（5）金融合作方面的研究

卢金发（1995）认为，京津二市金融实力分布很不平衡：天津资金紧缺，而北京存大于放，具有资金优势。应当以金融合作为突破口，提高京津联合的凝聚力。李克宽（1997）分析了建立京津冀区域银行的现实意义，提出建立京津冀区域银行的具体构想和相应的配套设施。石林（2002）借鉴国外经验，建议在天津组建、设立东北亚开发银行、环渤海发展银行、滨海发展银行等区域性金融机构，将天津建设成环渤海地区乃至东北亚地区的金融中心。朱春红（2005）在分析了环渤海经济圈金融合作现状的基础上，指出促进环渤海经济圈金融合作是环渤海经济圈在经济全球化背景下提高区域竞争力、实现区域可持续

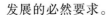
发展的必然要求。

（6）区域生态环境治理的研究

杨连云、穆兴增等（2000）分析了坝上生态系统的构成，剖析了坝上草原生态迅速恶化的深层原因，提出恢复坝上草原生态、提高京津环境质量的基本思路与对策措施。周国红（2000）对京津周围地区生态环境现状和目前京津周围地区绿化工程建设取得的初步成效及存在的主要问题进行了分析，探讨了当前绿化工程建设的主要任务。王海乾（2002）指出了河北省环京津区域生态环境保护现状及存在的问题，提出了区域生态环境保护的思路、建设目标和主要任务，并对区域生态环境保护的重点工程、重点整治地区进行了相应的规划。吴殿廷（2004）指出京津冀生态环境的形势十分严峻，要保障京津都市圈的可持续发展和京津冀一体化的顺利实现，京津冀生态环境的建设必须加强，并提出解决经济及生态环境问题的思路与对策。许月卿、刘春铃（2004）描述了京津以南河北平原土地利用集约程度变化的基本特征与趋势，分析了土地利用集约生态环境效应。刘玉春、王晓晨、姜红安（2005）指出作为北京的水源地、沙源地之一的承德市，其农业生产中存在污染、水土流失、灌溉技术落后等状况，威胁着北京的生态环境。

### 3. 研究方向及存在问题

这一时期对京津冀区域发展的研究趋于深化。在构建统一市场、区域规划与合作、联合发展交通、产业、科技、生态环境等领域开展了全方位的研究，取得了大量成果，为后续研究奠定了坚实的基础，但是在体制性壁垒如何克服以及各城市功能如何定位等方面的研究不足。主要存在如下问题：第一，发展目标。对符合区域内各方利益的区域经济共同发展的战略目标研究不足，这个地区发展水平低于长三角、珠三角，并未探索出京津冀一体化发展的发展战略和有效路径。第二，区域合作。京津冀地区区域经济合作研究取得一定成效，但尚未建立京津冀定期长效的合作机制和平台，区域合作依然停留在理论层面，缺乏实质性推动。对这个问题的研究并没有实现真正突破。第三，体制机制。京津冀一体化在体制、机制、观念等方面的障碍问题突出，但对这方面的研究缺乏相应的突破，相关研究也没有真正解决行政藩篱所带来的难题。第四，区域一体化。对区域一体化市场体系的问题研究较多，但对如何破解构建区域一体化市场体系的难题仍旧没有有效对策，也没有形成要素自由流动和优化配置的有效措施。第五，专业领域合作。对一些交通、金融、物流、旅游等领域的研究较多，但对三地之间的合作缺乏有效的规范性政策，使得这些领域的合作并不理想。第六，生态建设。在水资源保护、重大生态建设和环境保护等方面研究较少，多停留在字面或理论上，并没有突破性的进展，甚至该地区生态环境在恶化。第七，区域差距。对区域差距问题研究虽然很多，但环京贫困带问题日益突出，北京与天津差距扩大，对这些问题的解决并没有提出有效的措施。

### 4. 研究评述

这一阶段学者们对首都圈战略、空间相互作用和发展规划、金融合作、区域差距以及区域生态环境等方面的问题进行了系统梳理。结合该时期国际国内形势，深入研究京津冀区域的一体化问题，即城市规划与城镇布局一体化、技术开发利用和管理体制一体化、以交通运输为主的基础设施建设一体化、产业结构调整与产业合作的一体化和生态一体化等方面的问题。特别是中共十四大提出发展社会主义市场经济后，随着中国改革开放进程的不断深入，京津冀区域合作与发展的理论研究也迎来了一个新的高潮，学术研究文献激增到五百余篇。这一时期，学者们对京津冀区域经济一体化、空间优化与首都圈战略、产业合作等问题进行了更加深入的探讨，涉及的领域更加广泛，并且对很多专业化的问题进行了深入探讨并提出许多政策性建议。

（三）战略研究阶段（2006～2013年）

**1. 研究背景**

"十一五"以来，京津冀地区迎来了一系列战略机遇，如北京承办2008年奥运会、天津滨海新区开发开放上升为国家战略、国务院进一步明确北京和天津的城市功能定位、国家发改委地方司启动编制"京津冀都市圈区域综合规划"等。2008年2月，"第一次京津冀发改委区域工作联席会"召开。京津冀发改委共同签署了《北京市、天津市、河北省发改委建立"促进京津冀都市圈发展协调沟通机制"的意见》。2010年10月，河北省政府《关于加快河北省环首都经济圈产业发展的实施意见》正式出台，提出了在规划体系等6个方面启动与北京市的"对接工程"。特别是国家"十二五"规划纲要，明确提出"打造首都经济圈"，又将推进京津冀区域经济一体化、加快首都经济圈发展、推进河北沿海地区发展上升为国家战略。这一切都标志着京津冀区域一体化已进入战略推进阶段，相应的理论研究也上升到国家战略层面和实际操作层面。

**2. 研究内容及重点**

（1）首都经济圈战略地位与建设目标的研究

①战略地位：我国参与国际竞争和现代化建设的重要支撑地区。吴群刚、杨开忠（2010）认为，首都圈所处的环渤海地区拥有特殊的区位，是我国最重要的政治、经济、文化和科技中心，也是我国参与东北亚区域合作的前沿阵地。文魁、祝尔娟等（2012）认为首都圈地区是我国东部地区三大城市群之一，是我国参与国际竞争和现代化建设的重要支撑地区，也是我国政治文化中心和经济最发达的地区之一。赵弘（2011）认为，"中国转型"和"中国崛起"需要世界级城市群的支撑。建设京津冀城市群，可以形成我国转变发展方式的示范引领区和"世界经济增长的重心区域"。刘治彦（2011）认为京津冀的发展

应遵循三步，由近期谋划好北京周边廊坊东部三县的发展；到中期通过高速公路和城际铁路联系天津、唐山等城市市区，构建环首都经济圈；再到远期建设环渤海城市圈，构建首都经济圈的外围城市带，最终形成北方城市带。张晋晋、祝辉等（2013）通过对京津冀城市群联系强度与城市流的分析，认为京津冀城市群目前处于城市群发展的组接阶段。

②建设目标：北京——以建设世界城市为目标。吴良镛（2012）提出，北京应以建设世界城市为目标，需依托"京津冀"地区的整体力量。京津冀区域的协调发展势必为北京迈向国际舞台提供新途径、新动力，而北京建设成为世界城市又将反哺津、冀二地，为其带来新的机遇。孙久文（2013）从京津冀都市圈区域合作的视角分析北京的定位，认为北京应当成为国家重要的创新基地、国际综合交通枢纽、国际文化和旅游中心。北京市应依托京津冀城市群的协调发展，破解中心城功能过度集中带来的"大城市病"，加快实现制造业高端化，生产服务业、区域化、国际化，构建北京大 CBD，提升辐射能力。天津——以打造国际港口大都市、世界级加工制造业基地和现代化国际航运中心、物流中心为目标。周立群（2009）认为天津应大力吸引资金、技术、人才，将要素优势向竞争优势和创新优势转变，巩固其中心地位，同时天津作为国家先行先试的示范基地，要特别强调创新服务业的建设，以构筑较完整的产业体系。臧学英、邹玉娟等（2012）认为，天津应成为以京津冀城市群为依托的京津世界双核之一、国际港口大都市、世界级的加工制造业基地和现代化国际物流中心。河北——利用环首都优势，加快优势地区率先发展，努力打造自身经济增长极。王余丁（2012）等根据河北在京津冀地区的地位作用以及未来所面临的环境，认为河北应制定国内贸易战略、资源深加工战略、精品服务战略、民营带动战略和低碳环保战略。文魁、叶堂林（2012）提出河北应加快优势地区率先发展，努力打造

自身经济增长极，充分发挥环首都的独特优势，积极主动为京津搞好服务。

（2）首都经济圈空间格局的研究

①区域总体空间结构——呈现"一轴三带"的发展格局。吴良镛院士主持研究的"京津冀地区城乡空间发展规划（二期报告）"，在空间上把京津冀整体作为"首都地区"，提出了未来京津冀地区空间发展趋势和基本战略，即以京、津两大城市为核心的京津走廊为枢轴，以环渤海湾的"大滨海地区"为新兴发展带，以山前城镇密集地区为传统发展带，以环京津燕山和太行山区为生态文化带，共同构筑京津冀地区"一轴三带"的空间发展格局。

②人口空间结构——呈现集中化和不均衡化，外来人口流入是主导。盛光耀（2006）研究认为，人口分布变动趋势是集中化和不均衡化，外来人口流入是主导。京津冀地区人口规模不断扩大，区域人口增长主体更偏重于北京市，其他地域人口增长速度减慢，地域间人口增长差异在扩大。马强、宗跃光等（2007）研究了京津地区人口的分布规律，结论是区域内人口集中于京津两城中心城区，向外沿交通动脉呈放射状，并沿京津塘高速公路形成人口持续增长、密集分布的廊道地区。叶裕民、李彦军等（2008）通过分析京津冀都市圈流动人口特征，认为都市圈内流动人口空间分布高度集中于京津，河北是其重要来源地。

③就业空间结构——智力型劳动者比重高且就业仍向都市区集聚。盛光耀（2006）研究发现京津冀地区从事农林牧副渔和社会服务业人口比重较高，智力型劳动者比重最高，就业结构模式正在快速向现代型转化。肖亦卓（2011）研究发现北京仍处于就业向都市区聚集的阶段，就业空间结构的变动表现为不同地域圈层上的变化，就业密度从中心区向近郊区、都市区内沿和都市区外缘依次快速下降。沈体雁、魏海涛等（2011）研究发现京津冀目前就业分布呈现"一轴、多点"

发展格局，由北京、天津、唐山、石家庄引领整体空间格局，次级中心城市发展壮大。就业增长呈现轴带式、辐射式、吸纳式并存的态势。张丹、李国平等（2012）认为首都圈各行业的就业人口在京、津地区明显集聚，存在"一主一次"双核结构，京津城市走廊形态明显。

④产业空间结构——呈现"一轴、一带、两个三角"格局。沈体雁（2011）研究指出京津冀地区制造业分布呈现环渤海制造业带、京津唐制造业三角、京津石制造业三角的格局，增长趋向沿海化、沿线化、沿城化，而服务业的分布与增长格局显示出点状式与吸纳式特征。马国霞等（2011）利用产业间空间集聚度的方法，得出的结论是京津冀产业链空间集聚度不高，但是呈逐年上升态势。徐蕾（2011）建议在战略性新兴产业分布上采取"核心区—增长极—周边合作—边界交汇区"的模式，打造梯度层次产业链，增强区域战略性新兴产业合力。石敏俊（2011）指出，在首都圈的转型发展中，地区制造业的高端化进展迟缓，圈内的产业转移格局还不明显。建议以深化区域合作来推进首都圈内部产业转移，提高区域一体化程度。

⑤城镇体系结构——京津双核居主导地位，逐渐由极核辐射向轴线带动转变。陈丙欣、叶裕民（2008）研究指出京津冀都市区在空间分布上不均衡，已成型的都市区位于中部和南部，而北京周围的张家口、保定、承德和河北秦皇岛都无法构成都市区。肖磊、黄金川等（2011）认为虽然京津两个巨型城市的主导地位将长期保持不变，但随着众多小城镇发展成为中等城市，京津冀城市群城镇等级结构也将日趋合理。在此基础之上，肖磊等预测未来京津冀地区城镇体系空间结构为"双核、双副、一轴、两带"。张耀军、何茜等（2013）研究认为京津冀区域内北京天津两个特大城市的极化效应明显，致使其他大城市和中等城市发展相对缓慢，区域内的不平衡加剧，呈现明显的"中心—外围"格局。

（3）首都经济圈一体化研究

①构建首都圈一体化交通网络体系。魏后凯（2006）提出京津冀地区要加快交通网络建设，建设 1 到 2 小时产业协作配套圈。肖金成（2007）指出，构建首都圈一体化交通网络体系，加快建设区域内城际铁路和高速公路网络，共同打造具有国际竞争力的北方航运中心，构建机场的合理分工体系，建设支撑京津冀都市圈发展的空中走廊。孙久文（2006）指出，构建综合性的网络化基础设施是实现区域经济增长趋同，达到一体化发展的前提和基础。修建高速公路高速铁路要兼顾河北省，以提高整个区域的通达性。吴殿廷（2011）指出，京津冀区域铁路网整体规划现状和连接格局、联系水平等与各城市经济发展基本保持相关性和一致性。冯玫（2011）指出，建设京津冀立体交通体系，形成快速、高效、安全、低成本的运输通道。李国平（2011）建议，在未来十年基本建成京津塘、京石、京秦、津唐主要城市间的城际客运专线或轻轨体系；在进出关、京沪、京广、京包、京津塘等主要运输通道上建设现代化的基础设施，形成集装箱枢纽港、工业港、能源港和地方港协调发展的区域港口群；建设规模、功能、布局合理的机场体系。赵弘（2011）建议，从国家层面超前规划区域大交通体系、能源供应体系、信息基础设施体系等，为区域经济合作提供强有力的支撑。

②都市圈产业呈现"梯度"特点，产业转移是实现产业优化配置的必然趋势。黄征学（2007）认为，尽管京津冀城市群的产业已有初步的分工，有些地区的产业甚至还形成了一定的特色，但从总体上看，城市群内部产业同构的现象还比较严重。马云泽，刘春辉（2010）认为，京津冀地区产业结构具有一定程度上的趋同现象，主要存在于三次产业的宏观结构中。戴宏伟（2010）认为，京津冀都市圈之所以至今都未能实现区域内深度整合和全方位协作，主要是由于前期京津冀产业结构趋同现象严重，由竞争向协作转变需要一定的

"磨合期"。刘刚（2007）认为，京津冀地区各主要城市产业之间并不存在所谓严重的产业同构现象，而是表现出一个初步的专业化分工格局。孙久文（2007）认为，京津冀三地在服务业上的差异是明显的，即使制造业也不存在雷同。石敏俊（2011）指出，京津冀地区的产业发展呈现三个"梯度"特点：一是产业结构梯度：产业结构差异大；二是产业链梯度：制造业的垂直分工，京津冀三地处于同一产业链的不同环节；三是区位因子梯度：北京和天津的贸易成本较低，而河北的要素成本较低。王建峰（2013）指出，产业转移是京津冀区域产业实现优化配置的必然，提升京津冀区域产业转移综合效应的最优路径为进一步深化和完善京津产业链建设。王艳、刘晓（2009）认为，京津冀之间在产业结构上不但存在梯度差距，也存在梯度转移的广阔空间。

　　③首都圈市场一体化水平趋于提高，但内部呈现不均衡。李国平（2009）研究发现，京津冀区域市场的整合水平呈现"平稳—起伏—平稳"的变动趋势，但总体看，区域市场一体化水平趋于提高，但区域市场整合程度呈现内部不均衡。丁振辉、刘漫与（2013）分析指出，京津冀三地中，市场一体化最能促进经济增长的是北京市，河北可能并没有从市场一体化中得到好处，反而拖累了经济增长。周立群、罗若愚等（2005）提出，京津冀区域内市场化程度低，许多市场行为被政府行为所代替。而各地政府利益目标不一致，都尽可能地追求自身辖区的利益最大化，对区域整体的协调和综合效益考虑滞后。张玉庆（2009）指出，京津冀经济圈不仅应加强商品市场建设，更应重点加强生产要素市场建设，采取各种措施推动生产要素的跨行政区自由流动。张桂芳（2008）指出，京津冀区域经济一体化应主要依靠市场对于资源的配置能力以及由市场主导的经济合作，政府则应着力于完善市场体系、制定市场规划、引导市场准入以及构建区域化的基础设施网络。李锡英、王秋（2005）认为，京津冀统一劳动

力市场是京津冀区域聚合与经济协调发展的一个重要组成部分。冯文丽（2008）指出，京津冀区域金融发展不平衡，差距较大，在某种程度上加剧了区域经济的不平衡，制约了经济协同发展。张亚明、王帅（2008）认为，京、津、冀三地的金融业与各自区域经济的发展水平相关联，相互之间具有较大差距，这导致了三地进行金融业整合的产业基础薄弱。

④首都圈内的公共服务水平差距较大，制约了区域社会一体化的进程。丁一文（2013）指出，首都经济圈内的公共服务水平差距非常明显，在区域教育投入、医疗卫生、社会保障与就业服务和公共文化服务方面都存在巨大差异，严重制约了区域经济社会全面一体化发展的过程，也会影响区域资源合理配置及产业对接、创新合作等。吴良镛教授在"大北京规划"中谈到，京津冀地区是全国知识资源最密集的地区，知识发展水平居全国之首，最有条件融入世界知识社会。于维阳（2007）认为，在科研和教育方面，应进一步加强京津高校的人才和科研院所科技与教育资源应用方面的合作。在高等教育建设上，三地高校联合建立区域内科学研究与开发基地。在职业教育方面，京津两市应对环京津贫困县的职业教育加以扶持。

⑤首都圈生态发展处于不可持续状态，应共建生态补偿机制。一是生态发展均处于不可持续状态，水资源处于高风险状态，土地利用状况恶化。许月卿（2006）研究表明，1990~2003年津冀人均生态足迹均呈增大趋势，北京市人均生态足迹呈减小趋势。1996年和2003年，京津冀人均生态承载力均小于生态足迹，出现生态赤字。从横向比较看，京津冀人均生态足迹和万元产值生态足迹均超出全球和全国平均水平，三省市生态发展均处于不可持续状态。邹秀萍等人（2009）研究表明水资源使用量、废水排放量、废水中 COD 排放量及化肥施用量与人均 GDP 之间呈 U 形曲线关系。农药使用量与人均 GDP 之间表现为较复杂的 N 形曲线关系。刘登伟（2010）研究表明，京津冀都市圈

水资源短缺风险指数为 7.5，水资源短缺状况处于高风险状态。王涛，吕昌河（2010）研究表明，自 1996 年至 2005 年，耕地转化成林地和城镇村及工矿建设用地是京津冀地区土地利用变化的主要趋势。何丹等（2011）研究表明，1985～2000 年，耕地主要流向城乡居民点及工矿用地、水域和林地；城乡居民点及工矿用地的增加主要来自耕地、草地、林地。表明这期间城市化进程明显加快，建设用地不断占用周围的耕地。二是实行生态区分级管理，共建生态补偿机制，大力发展生态产业。杨连云（2008）认为，京津冀山水相连，唇齿相依，生态环境一损俱损、一荣俱荣。生态补偿，说到底是社会公平问题。肖金成（2008）认为，建立合理的京冀水资源补偿机制势在必行。李国平（2011）提出，全面推进区域生态协作，实行生态分区分级管理，对大气、水污染进行分区控制，建立区域风沙防御体系。李岚（2011）提出，解决区域水资源短缺是京津冀合作的抓手，应建立政府和市场双向调节的水资源调度管理机制。刘丹丹、孙文生（2006）认为，应尽快建立京津冀生态环境整治补偿机制，加大该地区生态环境整治与投入力度。王军教授提出，京津冀三地各级政府可以通过各种补偿项目对农民进行直接或间接的补贴，政府是补偿的执行者，农民是补偿的直接受益人，市场是效能产生的中介者。周立群（2007）指出，都市圈生态与经济的统筹与协调，是衡量该区域发展的一个重要内容，也是该区域发展战略的重要内容。于维阳（2007）认为，京津冀同处一个生态区，可以共同构建整个地区的生态安全保障。武义青（2009）认为，在区域一体化基础上进行生态治理成为京津冀区域发展的迫切要求。

（4）首都经济圈协调机制与实现路径的研究

①推行区域整体规划，建立区域协调机制。杨开忠（2007）提出，京津冀都市圈应重点推进三大体制机制建设，即金融协调发展体制机制、社会协调发展体制机制、生态文明建设体制机制，如建立水

权交易市场和环境污染权交易市场等。赵弘（2011）提出，应从国家层面进行区域整体规划，形成统领区域整体发展的行动纲领。李国平（2011）认为，应推进区域发展规划的制定，建立"规划—实施—监督"的完整制度体系，同时加快建立区域协调机制。方创琳（2011）提出，应建立健全城市群的组织协调政策保障机制，明确国家归口管理机关，组建国家级城市群协调发展管理委员会和地方级城市群协调发展管理委员会，建立城市群公共财政机制和公共财政专业委员会。史利国（2007）提出，要建立京津冀政府合作机制，为各方一起商讨、确定、研究问题寻求共同利益所在及实现途径。邢春生（2008）提出，应尽快建立京津两地政府层面的协调工作机制，把京津合作制度化。梅松（2008）提出，应努力实现京津冀经济一体化的六个机制：资源共享、要素互动、产业集聚、特色错位、生态同保、规划协调。牛立超（2008）提出，应建立包括市场导向、创新导向、发展导向、制度建设导向和规范政府行为导向在内的区域协调机制体系。

②创新财政税收政策，建立首都圈特别财政。刘亮（2011）提出设立针对京津冀经济圈的特别税收政策，逐步缓解乃至消除区域间的税收与税源背离问题，以促进区域经济协调发展。建议建立地方政府间的横向生态补偿财政转移支付制度，实行下游地区对上游地区、开发地区对保护地区、受益地区对生态保护地区的横向财政转移支付。杨开忠（2008）提出，应认真探讨京津冀地方的税收划分。应当借鉴美国等市场经济国家的经验，探讨建立地方之间横向的分税制，来解决跨地经营企业的税收分配问题。韩士元（2007）提出，应建立区域税收分享制度，以合理解决要素流动和产业融合过程中的经济利益问题。

③推进社会政策对接，建立合作服务平台。杨开忠（2008）认为，京津冀地区劳动力市场已经高度一体化，加快社会政策一体化势在必

行。要努力解决好地方之间社会保障、教育、医疗卫生等社会政策的相互衔接。孙久文（2011）提出，未来的首都经济圈应当是人居环境优越、同城化的生活圈，建议试行社会保障对接，推进公共服务一体化。张云（2011）提出，京津冀三地人力资源的配置目前尚未实现一体化，她建议加强地区间劳务合作，京津冀联合建立专家数据库和信息服务平台，加强产学研结合，河北与中关村共建环京津高新技术产业带。韩士元（2007）提出，应积极探索要素流动和产业融合的有效方式，优化要素流动和产业融合的社会环境。刘丹丹、孙文生（2006）认为，京津冀地区应逐步建立健全规模不等、层次不同、功能各异并呈四级分布的区域性市场体系。方创琳（2011）认为，应强化市场机制在城市群形成发育中的主导作用。

### 3. 研究方向及存在问题

这一阶段注重实操研究，京津冀协同发展的理论研究进展较快，产生一系列学术观点和理论，相应的理论研究和实践研究又进入了更高的层次。这一阶段研究方向体现在京津冀一体化进程与障碍、空间结构、产业合作与产业升级、资源生态协调、体制机制创新等方面，重点集中在首都经济圈、滨海新区、河北沿海产业带等重点区域。但京津冀一体化的症结、问题和障碍仍旧颇多，很多还没有解决，协同发展的体制机制仍旧没有建立。研究存在的问题：第一，空间范围。对京津冀空间范围重新界定，国家发改委、专家学者等提出不同的范围，从"2＋7"到"2＋8""2＋11"等，至今仍缺乏正式的规划方案。第二，空间结构。围绕人口结构、产业布局、城镇布局等系统研究，产生一系列重要的理论成果，但是缺乏有效的整合，造成很多观点没有落到实处。第三，三地合作。专家学者对京津冀的交通、产业、生态、旅游、劳务、公共服务等方面的合作展开研究，也产生了一系列观点，但三地的合作始终进展不大，原因在于三地虽有合作的意愿，但各自需求并不完全契合。第四，协调机制。仍没有建立合理的组织架构和协调机制，没有形成统领整个区域的行动纲领和对接机制。第五，首都经济圈。围绕首都经济圈的范围界定、目标定位、与周边的关系及北京建设世界城市等展开研究，但研究多从北京出发，并没有从整个京津冀区域出发，忽略北京向周边疏解经济功能，造成北京与周边差距拉大。第六，环首都绿色经济圈。研究集中在环首都绿色经济圈的空间范围、发展目标、产业对接、生态建设等方面，但是由于与首都经济圈规划定位的差异，没有形成很好的对接合作，因此进展并不理想。第七，滨海新区。针对滨海新区的发展目标、定位及面临的问题展开研究，但是滨海新区经济积聚能力不足、创新能力不强、现代服务发展不力等核心问题没有很好解决。第八，河北沿海经济带。主要集中在沿海经济隆起带发展战略、产业发展、区域合作等方面的研究上，但沿海布局多为重化工业，对提升环境质量、加快结构升级以及加强对腹地带动作用等问题的研究仍没有提出有效的解决办法。

### 4. 研究评述

这一时期研究热点更加聚焦和深入，不仅包括宏观战略层面的研究，如京津冀区域发展的宏观背景与发展趋势、京津冀区域经济一体化进程与主要障碍、京津冀空间结构演化与优化等；更有实际操作层面的研究，如打造首都经济圈、建设环首都绿色经济圈、建设河北沿海发展带、推进天津滨海新区建设、京津冀产业升级与合作、京津冀资源生态协调发展、京津冀区域协调机制与治理等等。京津冀都市圈本质应该是一个三足鼎立、均衡发展的概念，北京应该强化自身的定位和功能，向周边地区疏解经济功能和产业功能。未来研究方向应该从过去强调全国服务首都、强调全国保障北京，向首都服务全国转变，要突出首都对周边的经济辐射功能。要破解跨行政区经济合作问题的研究，创新现行的财政体制，对困扰京津冀一体化的桎梏如土地财政、短期利益和局部利益等进行深入研究。对北京发展模式要进行反思，北京要有明确的定位，要处理好与周边的关系。要加强京津双城联动发展的研究，寻找两城合作的契合点，为京津冀整个区域协同发展起到带动作用，不应内耗。加强河北如何承接京津产业、资金、优质要素等转移的研究，建设环首都城市带、产业带、生态旅游带，以及河北沿海产业带的升级，加强河北与京津互动的研究，形成互利共赢的格局。

## （四）整体谋划阶段（2014～2015 年）

### 1. 研究背景

2014 年 2 月，习近平总书记在主持召开的京津冀三地协同发展座谈会上，要求北京、天津、河北三地打破"一亩三分地"的思维定式，强调实现京津冀协同发展是面向未来打造新的首都经济圈、推进区域发展体制机制创新的需要，是一个重大国家战略。2014 年 3 月，国务院总理李克强作政府工作报告，谈到 2014 年重点工作时，提出"加强环渤海及京津冀地区经济协作"。京津冀协同发展上升为国家战略，这是三地共同富强的机遇，也是区域协同发展样板的探索和挑战。2015 年 4 月 30 日，习近平总书记主持召开中央政治局会议，审议通过《京津冀协同发展规划纲要》，提出围绕有序疏解北京非首都功能、解决北京"大城市病"，在交通一体化、生态环境保护和产业升级转移三个重点领域取得率先突破。随后，《京津冀协同发展交通一体化》《京津冀协同发展生态环境保护规划》《京津冀产业转移指南》等相继出台。新阶段应重新审视京津冀协同发展研究进程和重点，更加注重从国家战略高度和区域整体发展的角度对京津冀进行整体谋划和探讨，致力于探索京津冀协同发展的模式与路径。

### 2. 研究内容及重点

（1）京津冀协同发展的战略意义与实现条件

①京津冀协同发展上升为国家战略标志着中国改革发展的又一个

序幕拉开。周立群（2014）指出，京津冀协同发展上升为国家战略，在某种意义上说，中国改革发展的又一个序幕拉开。马光远（2014）认为，京津冀协同发展上升为重大国家发展战略是一个大手笔，也是众望所归。肖金成（2014）认为，首都经济圈将以北京、天津为中心，这和过去最初的以北京为中心的概念不同，这意味着河北全省将纳入首都经济圈。易鹏（2014）认为，目前京津冀一体化已经箭在弦上，作为国家推动区域经济发展的重要战略，受益者不会是一城一地。

②推进京津冀协同发展，具有多重战略意义。京津冀协同发展可以缓解"大城市病"。方创琳（2014）认为，从"摊大饼"诱发的"大城市病"分析，随着城市规模的不断扩张，人口无序增长，交通拥堵，雾霾频发且强度加大，北京正在陷入城市病高发高危期。文辉（2014）指出，特大城市自身发展过程中的"城市病"问题越来越突出，北京解决不了，天津也解决不了，需要周边的中小城市对它进行配合。方创琳（2014）认为，城市群里某个城市不能独自解决的问题，必须通过城市群层面解决，京津冀一体化可缓解北京的"大城市病"，可圆北京建"世界城市"之梦。吴良镛（2014）认为，北京自己是很难解决自身问题的，它的出路在于区域协作，就是所谓的"大北京"。京津冀协同发展具有平衡全国经济布局等多重意义。李国平（2014）指出，促进京津冀一体化发展，具有平衡全国经济布局、打造中国北方经济中心、引领区域协同创新、建设中国特色世界城市、强化首都服务功能、缓解北京的"大城市病"的重要作用。陈广汉（2014）指出，京津冀协同发展，不仅能解决各自发展中存在的突出问题，从国家层面也将拉动北方腹地的发展，推动区域的均衡发展。从国家战略层面看，京津冀地区担负着重大使命。祝尔娟（2014）指出，京津冀地区的战略目标是建设成为中国参与全球竞争和国际分工的世界级城市群，中国乃至世界

的研发创新、高端服务集聚区，中国未来最具活动的核心增长极点和环渤海经济圈的核心区，带动中国北方向东北亚、西亚、中亚、欧洲全方位开放的门户地区，探索科学持续、协同发展、互利共赢的区域发展示范区。

③推进京津冀协同发展，需要处理好一系列重大关系。魏后凯（2014）指出，京津冀三地未来应是一种竞合、共赢的关系。未来肯定是既有竞争又有合作的一种竞合关系，而不单是一种竞争关系。要平衡三地利益关系，达到良性互动。要改变观念、要放开、要一体化、要建立一个好的机制。樊杰（2014）认为，京津冀协同发展规划应涉及三个层次的内容，第一个层次主要阐述这个区域和国家的关系。即国家整体发展规划中，京津冀区域在全国的一个基本定位。第二个层次是关于城市之间的关系。要唱好北京和天津的"双城计"，京津冀三地之间城市功能如何定位。第三个层次是关于城市和乡村之间的关系。而城乡一体化就是把基础设施、产业和公共服务资源，在区域范围内能够合理地进行组织。祝尔娟（2014）认为，京津冀协同发展关键要处理好四大关系，即中心区域与所在地区共生互动关系，北京和天津两大核心城市的分工合作关系，经济生态社会协调发展关系，市场调节与政府引导关系。汪玉凯（2014）认为，要把京津冀一体化放在未来中国经济发展的动力和中长期增长框架中观察，构建从多赢到共赢的战略方针，使各地相得益彰，错位发展，均可从京津冀一体化战略中得到好处。

④实现京津冀协同发展，破除观念和体制障碍是前提。文魁（2014）认为，京津冀协同发展的最大障碍是始终未能摆脱"一亩三分地"的思维定式。主要障碍是地区行政区划问题。由于地方的行政区划中政府的力量强一些，市场力量弱一些，因此形成了一些壁垒。魏后凯（2014）认为，京津冀一体化推进比较慢，主要原因在于北京、天津水平比较高，总量比较大，河北省比较落后，相差一倍多；京津

冀地区行政力量、行政因素比较强，民间力量、市场力量发育相对比较滞后；长三角上海是龙头，没有一个城市敢说"我要跟上海叫板，但是京津冀不一样，它是一种双核双层，北京和天津两个都一般大，都是国有特色。连玉明（2014）认为，长期以来，地方政府始终摆脱不了各自为政、只管自己"一亩三分地"的思维定式。张占斌（2014）认为，京津冀协同发展存在五大障碍，一是观念和心态上面存在问题；二是行政主导型经济，存在各种行政性限制，产业调整没有跳出行政区划界线；三是要素市场发育滞后，生产要素在区域内的流动不畅，区域合作还没有上升到产业融合的高度和层次；四是国有企业比重大，市场化进程缓慢，民营经济薄弱；五是产业配套能力差，如北京电子产业规模大，但配套基地大都选在广东，因周边的配套能力远不如广东。

（2）北京城市功能定位、功能疏解与京津冀城镇布局

①明确城市功能定位、立足比较优势是区域协同发展的基本前提。蔡继明（2014）表示，京津冀地区是两个直辖市在一起，很难定位谁是中心，所以京津冀要做到协同发展，首先要解决城市定位问题；杨连云（2014）认为，京津冀协同发展，首先要明确首都功能，首都功能不是北京功能，是国家功能，要"跳出北京发展北京"才能解决北京资源、环境和发展的矛盾；李国平（2014）指出，北京的服务和知识型、天津的加工和服务型、河北的资源与加工型的基本组合特征具有很强的互补优势，在不同层面、不同环节上成为实现区域协同发展的重要基础。2015 年《京津冀协同发展规划纲要》出台，明确了北京"四个中心"的定位：全国政治中心、文化中心、国际交往中心和科技创新中心。2017 年 9 月《北京城市总体规划（2016 年－2035 年）》发布，明确了北京市落实"四个中心"战略定位，建设国际一流的和谐宜居之都的发展目标。

②北京城市功能疏解可以向多点、不同的方向疏解。《京津冀协

同发展规划纲要》指出，要把握好"多点一城、老城重组"的思路，严格控制增量，有序疏解存量，统筹解决好"搬哪些、往哪搬、谁来搬、怎么办"的问题；规划确立了北京非首都功能疏解的对象，疏解原则，疏解方式、方法，但尚未明确疏解的方向。易鹏（2014）认为，北京的经济功能往外迁的可能性是存在的，也是经济一体化或市场一体化的方式。杨开忠（2014）认为，北京可以疏解的非首都核心功能有两大类：首先，从经济角度考虑，一些相对低端、低效益、低附加值、低辐射的经济部门，如面向京津冀地区需求的经济部门，可以疏解到天津或河北；其次，由非市场因素决定的公共部门可以疏解，中央可以将一部分在所在行业不代表中国全球竞争力的科教文卫机构适当迁移。北京市在中央已有这类科教文卫机构的情况下，不要自成体系、再搞一套、重复建设，而应以利用好中央在北京已有的学校、科研院所为主。魏后凯（2014）认为，北京的功能疏解不一定向某一个点疏解，可能是向多点、不同的方向疏解。北京的功能疏解可考虑以下几点：一是北京市内疏解，要有一个市中心和郊区的平衡，有些功能可以搬到北京的郊区；二是单纯考虑北京还不行，要超出北京范围考虑京津冀一体化，有很多功能要疏散到河北去。祝尔娟（2014）认为，哪些产业要迁出，需要综合考虑迁移的直接成本和间接成本，近期效益和远期效益，经济效益和社会效益，要考虑多方面的平衡。尤其是产业转移，要以企业为主体，按照市场经济的规律进行，完全由政府来主导未必能达到预期的效果。叶堂林（2014）认为，北京在一般城市的基础上又附加了首都的职能，因此现有的功能过多，一些功能不只是满足北京自身和首都发展的需求，而是满足全国需求（如教育、医疗等），这些满足全国需求的功能是可以考虑向外转移的。关键是要有一个判断机制，区分哪些功能是面向全国的，哪些是主要为本地居民服务的，但前提是资源要均衡。

③京津冀城市群应设立"副中心"以承载非首都功能。魏后凯（2014）认为，京津冀城市群空间结构应以北京、天津为"双核"，下设唐山、石家庄、保定、廊坊四个"副中心"。汪玉凯（2014）认为，建设副中心城市，也可以叫作"行政副中心"，其重要作用就是要在一体化之下承接首都的行政功能转移，包括承接北京的一些行政事业单位、医疗等机构。

（3）京津冀协同发展的战略重点、实现途径和突破口选择

①京津冀协同发展要构建政府、智库、市场三个层次的体制平台。杨开忠（2014）认为，从政府层面，应当探索建立健全在中央支持下的京津冀或者首都圈的发展委员会。该委员会可以根据京津冀之间不同的需要协同的领域，设立相应的专门委员会或专门工作小组来负责协调，比如交通专门委员会、环境保护专门委员会等。周立群（2014）认为，京津冀协同发展要构建政府、智库、市场三个层次的体制平台。孙久文（2014）建议，政府要科学决策、民主决策，要相应地建立起首都圈发展专家咨询委员会，把对首都圈有长期研究、专业基础深厚、可持续研究的专家纳入首都圈专家咨询委员会中来，让他们为首都圈发展和政府决策出谋划策。樊杰（2014）提出，未来京津冀协同发展的管理机制、组织架构应当"高配"。殷存毅（2014）认为，京津冀地区已经建立了一些一体化的平台和机制，比如京津冀行政首长的联席会议、相关职能部门的协同办公会议等等，主要是对相关项目、基础设施建设起到一些协调作用。文魁（2014）指出，京津冀的发展不仅仅涉及三地，更是整个国家发展战略的一部分，三地的联动发展，需要有一个高于三个行政单位的中央领导小组或者协调机构来牵头。

②京津冀协同发展核心是推进城市群建设"六个一体化"。方创琳（2014）认为，推进京津冀一体化协同发展的前提是北京"去中心化"，推进京津冀一体化协同发展的核心是加快京津冀城市群建设。在京津

冀城市群建设中要重点推进六个一体化，即城市群区域性产业发展布局一体化、基础设施建设一体化、区域性市场建设一体化、城乡统筹与城乡建设一体化、环境保护与生态建设一体化、社会发展与社会保障体系建设一体化。在推进京津冀一体化和京津冀城市群建设过程中，可采取融智、融商、融资的"三融"模式，实现京津冀的同城化和一体化。

③京津冀协同发展以开展试点示范为突破口。祝尔娟（2014）认为，在区域规划的顶层设计和制度创新的前提下，立足比较优势，抓住重大机遇，有可能在一些利益契合点和重要空间节点上率先取得战略突破。比如，以北京新机场建设为契机，共建国家级临空经济合作示范区；以天津申报"自贸区"为契机，共建中国投资和贸易最便利的门户地区；以京津冀三地优化空间结构为契机，共建国家级"京津科技新干线"；以北京城市功能疏解为契机，共建首都绿色生活圈。连玉明（2014）预测，2014年开建的北京新机场将成为京津冀协同发展的突破口。以新机场为核心的临空经济区，不仅可以推动三地的经济发展，还可以成为改革开放的先行区，在京津冀协同发展的体制机制上进行更多尝试。

④京津冀协同发展重点领域是交通一体化、生态治理和产业升级转移。一是构建现代化交通网络系统。赵弘（2014）认为京津冀协同发展的关键就是要把硬件做好，其中交通基础设施是最基本、最基础的硬件，如果这一硬件不具备，北京的城市功能、人口和产业的疏解以及京津冀协同发展都将是困难的。张波等（2014）等深入剖析了东京、巴黎、伦敦、纽约和中国的长三角等国内外都市圈交通体系建设，提出京津冀三地应共建互联互通的城际铁路网络，通过东出西联建设海陆空联运大通道打造北方国际航运中心港口群和世界级航空枢纽机场群。二是建立有效的区域大气环境管理制度。周立群（2014）认为，雾霾问题的解决不是一般性地解决，是京津冀合作"破冰"很好的一

个突破口，并且非常之迫切。可通过解决雾霾问题来构建合作基础。汪玉凯（2014）认为，京津冀必须形成合力向污染宣战，共同打好治理环境、实现宜居的硬仗。如果环境没有彻底改善，京津冀一体化战略就算失败了。张世秋（2014）认为，由于三地发展水平的差异，从环境管理制度安排和环境监管的角度来讲，为建立有效的区域大气环境管理制度，还要在整个区域范围内，通过统一监测、统一标准、统一法规、统一考核、统一监管、统一规划，特别是强化环境准入制度，防止污染的区域间转移。三是以分工合作推进产业升级转移。孙久文、孙红梅（2014）指出，京津冀一体化的关键在于实现三地的科学协同发展，而区域的科学协同发展，是建立在区域产业之间的科学协同发展的基础之上。肖金成、李忠（2014）提出，从发挥京津冀三地各自比较优势，提升产业分工层次，引导产业合理布局，推进产业集群发展，延伸产业链条，建设区域经济共同体等方面促进京津冀产业分工合作。

⑤京津冀协同发展的基础是推进公共服务领域的软硬件对接。陈广汉（2014）认为，京津冀协同发展既需要硬件的对接，也需要软件的对接。随着三地协同发展的推进，相信在交通等基础设施互通方面会是一个重点，同时社保、医疗等促进人力资源流动的"软件"对接也会加快，北京的部分经济功能也可能逐步转移，这些都会带来很多"利好"。韩劲（2014）认为，要实现京津冀区域一体化，第一步就是均衡区域内的公共基础设施和公共服务的差异，这是基础的基础。赵弘（2014）提出，推进京津冀协同发展一定要在公共服务制度创新方面下大力气，逐步缩小区域间的落差，着力解除户籍制度、高考制度和社会保障制度等方面的瓶颈约束，促进公共服务均衡化、一体化发展。

⑥京津冀协同发展的重要保障是持续推进体制机制创新。李国平（2014）认为，促进京津冀一体化发展，迫切要求京津冀三省市要打破

自家"一亩三分地"的思维定式。改变这一状况最根本的解决之路在于一方面要"去行政主导化",要改变地方分灶的财税制度以及相应的考核评价制度;另一方面,也是最为重要的是大力培育企业主体,通过企业主体在区域范围内基于产业链的功能空间布局及联系来实现跨区域的协同发展。孙久文(2014)指出当前的行政体制、财税体制和GDP考核机制是限制京津冀协同发展的重要因素,"分灶吃饭"的财税政策激励各自追求本地区发展而忽视相互间的合作。赵弘(2014)建议京津冀三方政府应该积极谋划跨区域的 GDP 分计和税收分成机制,打破现有财税制度对区域协同发展的制约;利益补偿机制方面,京津应该对在水资源、生态环境方面付出代价的河北给予利益补偿。张贵等(2014)认为应将利益补偿机制落到实处,利益补偿不但包括提供水源保护和生态修复所需的资金,还应以产业帮扶、人员培训、项目合作和服务功能延伸等形式加大反哺力度,进而建立利益共同体。此外,还建议在国家层面设立京津冀协同发展引导基金,引导、帮扶在市场经济条件下无法通过政府行政命令解决的问题。臧秀清(2015)提出协调京津冀三方利益、推动区域经济协调发展和完善利益分享机制是目前亟待解决的重要问题。薄文广、陈飞(2015)认为,能否建立完善的协调和合作机制是区域协同发展甚至区域一体化能否顺利推进的关键。孙久文、李坚未(2015)指出,在目前以"GDP"作为政绩考核和"经济过失免责"的共同作用下,各地政府为追求自身利益最大化,不但大力发展自身经济,而且还动用政府权力干预本地区的经济活动,防止本区域产业、科技、人才等资源外流。同时京津冀对话机制也不完善,特别是以地方政府定期会晤协商制度为主要形式的合作制度较缺乏。

⑦京津冀协同发展的关键是重塑空间格局。魏后凯(2015)提出要构建双核多中心网络型格局,即妥善处理好京津双核的关系,应建立若干副中心,分担京津的功能,同时构建若干重点发展轴线,引导

人口和产业合理集聚，在 2020 年前逐步形成一个安全、均衡、高效的空间格局。张贵等（2014）提出了"两核两心四带多节点"的空间战略布局，两核指京津、两心为石家庄和唐山两个区域次中心，发展京津科技新干线、京唐秦发展带、京保石发展带和滨海发展带，从而推动保定、廊坊、张家口、承德、秦皇岛、沧州、邢台、邯郸和衡水多个重要节点城市的发展。肖金成（2014）提出以"京津石"为主骨架，重点打造"一轴两带"即京津塘经济发展轴、滨海经济带和京广北段经济带，并在此基础上构建大中小城市和城镇相结合，网络型、多层次和开放性城市体系。

在京津冀协同发展的整体谋划阶段，政府部门、专家学者对于京津冀的功能定位、空间布局，非首都功能疏解，交通一体化、生态治理、产业升级转移等重点领域的突破发展，公共服务一体化，创新驱动发展，体制机制改革等领域进行了大量的顶层设计及实践路径等方面的研究。本研究报告将在第四、第五部分分领域进行详尽研究，在该部分不再一一展开。

**3. 研究方向及存在问题**

这一阶段，京津冀协同发展作为"重大国家战略"被重新定位后，京津冀一体化问题受到专家学者和实践工作者的高度关注。学术界也逐步拓展了研究领域和方向，研究重点集中在城市功能定位、区域分工优化、产业布局调整、交通体系建设、生态环境建设、市场一体化、创新体制机制等方面，对京津冀协同发展的战略重点、实现途径和突破口选择等重大问题进行更加深入、更加全面的探讨和研究。京津冀是全国三大经济圈中最早提出要实现一体化发展的，但目前一体化水平低于其他经济圈。研究存在如下问题：第一，发展战略研究。始终没有探索出"经济圈"特有的发展模式和路径，对解决市场一体化的问题研究不足，没有走出"行政区"掣肘以及结构锁定和利益固化。第二，非首都功能疏解。功能疏解主要依靠政府的行政力量，尚未形成以市场运行手段促进非首都功能向天津和河北疏散的有效政策措施。第三，生态、交通、公共服务等一体化。对生态环境建设一体化、交通网建设一体化、公共服务与住房一体化等重点和热点问题，虽在规划、理论研究及实施路径方面都取得一定进展，但对环境联防联控、交通共建共享，特别是公共服务均等化等问题始终没有形成系统性和具有可操作性的对策，同时相关的配套政策和管理机制研究也不足。第四，产业分工协作和产业转移。未来京津冀区域产业发展重点及分工定位得以确立，但产业空间布局优化的方向尚需进一步明确；初步明确了产业转移的路径及首都产业功能向周边转移扩散的战略重点，且京津冀多年的产业协同实践，已摸索出诸多的产业分工和合作模式，涵盖第一、二、三产业，主要包括"共建产业创新园区""总部（京津）＋基地（河北）""飞地经济""定点销售（京津）＋基地（河北）"等，但在如何促进承载地高质量承接疏解产业方面尚缺乏对于完善的配套措施的研究。第五，人口转移和城镇布局。没有解决城市群人口优化与京津冀协同发展相结合的问题，缺乏提高区域新城、中小城市和小城镇对人口吸纳和集聚能力的策略，没有实现区域人口有序转移和城镇合理布局的制度性设计。第六，组织架构和管理机制。一体化的协调机制多停留在理论层面和设想阶段，已设立的京津冀协同发展组织架构作用发挥不显著，且缺乏具体的管理机制，缺乏对于强有效的一体化制度保障方面的研究。

### 4. 研究评述

习近平总书记2.26讲话以后，标志着京津冀区域协同发展上升为国家重大发展战略，进入全面推进区域一体化新纪元。因此，随着实践发展，迫切需要理论界和政府部门对京津冀区域的交通布局、生态布局、产业布局、城镇布局以及公共服务和社会政策等重大问题进行顶层设计、整体谋划、前瞻预测和对策研究。这一时期的理论研究更具有宏观整体性，应用研究更具有针对性和实操性。未来京津冀协同发展应在以下几个方面继续深化研究。第一，顶层设计与战略对接。《京津冀协同发展规划纲要》已从国家战略层面确立了京津冀区域的顶层设计、功能定位、战略对接、一体化布局等战略重点问题，应继续围绕交通、产业、城镇、公共服务、生态、市场等六个一体化进行深入系统的研究和探讨，探索区域一体化的新格局。第二，协同发展的模式机制创新。深入研究京津冀区域协同创新的模式和机制，注重规划创新、科技创新、产业创新、机制创新等四个创新的协同，继续探索区域资源、要素、信息的共享机制创新问题，推进京津冀利益共同体建设，加快区域协同创新体系建设。第三，协同发展的实现路径。立足京津冀发展实际，以京津冀协同发展的目标定位、战略重点、空间布局为导向，通过研究找准京津冀协同发展的优势、障碍和难题，深入研究京津冀协同发展的实现路径、推进方式等，力求在关键领域和重要环节方面实现突破，探索中国区域协同发展的新路径。第四，协调机制与组织架构。继续探索建立横向协商、纵向协调相结合的协调机构，完善建立税收分享、成本分摊、生态补偿等多种跨界的区域治理机制，深入研究制定具有可操作性的配套政策，为京津冀协同发展提供制度保障。

## （五）全面推进阶段（2016年至今）

### 1. 研究背景

（1）政策背景

2016年2月，《"十三五"时期京津冀国民经济和社会发展规划》印发实施。该规划是全国第一个跨省市的区域"十三五"规划，明确了京津冀地区未来五年的发展目标，把京津冀作为一个区域整体统筹规划，在城市群发展、产业转型升级、交通设施建设、社会民生改善等方面一体化布局，努力形成京津冀目标同向、措施一体、优势互补、互利共赢的发展新格局。2017 年 2 月 23 日至 24 日，习近平总书记视察京冀并发表重要讲话，分别就河北雄安新区规划建设和北京城市规划建设等作出重要指示。在党的十九大报告中，习近平总书记强调要以疏解北京非首都功能为"牛鼻子"推动京津冀协同发展，高起点规划、高标准建设雄安新区。2018 年 1 月 2 日，京津冀协同发展推进会在京召开，国务院副总理张高丽主持会议并讲话。一方面，强调雄安新区是千年大计、国家大事，要做好河北雄安新区规划编制工作，精心抓好规划的贯彻落实；要适时启动一批重点项目，加快推进交通基础设施和生态环境工程建设；要广泛吸引国内外优秀人才，制定投融资、财税金融、土地等方面的支持政策，继续抓好管控工作，为雄安新区建设创造良好环境。另一方面，要认真落实控增量、疏存量政策意见，推动实施一批疏解示范项目；加快推进北京城市副中心建设，做实做细做好北京市级机关和市属行政部门搬迁工作；扎实推进交通一体化建设，强化区域污染联控联治和生态环境保护，促进产业优化升级和有序转移；深入推进京津冀全面创新改革试验，加快建设北京全国科技创新中心；大力促进基本公共服务共建共享，让广大群众更多享受协同发展带来的实惠。2019 年 1 月 16 ~ 18日习近平总书记视察京津冀，主持召开京津冀协同发展座谈会并发表重要讲话。习近平总书记对推动京津冀协同发展提出了 6 个方面的要求：第一，紧紧抓住"牛鼻子"不放松，积极稳妥有序疏解北京非首都功能；第二，保持历史耐心和战略定力，高质量高标准推动雄安新区规划建设；第三，以北京市级机关搬迁为契机，高质量推动北京城市副中心规划建设；第四，向改革创新要动力，发挥引领高质量发展的重要动力源作用；第五，坚持绿水青山就是金山银山的理念，强化生态环境联建联防联治；第六，坚持以人民为中心，促进基本公共服务共建共享。

京津冀三地政府部门在《京津冀协同发展规划纲要》基础上签订

的一系列战略合作协议，推动了京津冀三地在区域共建、产业协作、交通建设、生态保护、文化创新、市场合作、人才交流、社会保障等领域的深化合作（见表2-3）。京津冀协同发展经历了从战略构想到顶层设计落地、基本思路形成的过程，新阶段围绕加快推进京津冀协同发展走向纵深这一主旨，重点从全面推动京津冀协同发展的方式方法和重大举措方面进行研究。

表2-3 2014～2017年各领域推进京津冀协同发展签署的有关协议

| 区域共建 | 《推进通武廊战略合作发展框架协议》《推进京津冀开发区协同发展战略合作框架协议》《共同打造曹妃甸协同发展示范区框架协议》《共建北京新机场临空经济合作区协议》《共建天津滨海—中关村科技园协议》《共同推进中关村与河北科技园区合作协议》《关于共同推进天津未来科技城京津合作示范区建设的合作框架协议》 |
|---|---|
| 产业协作 | 《京津冀三地渔业协同发展合作框架协议》《京津冀现代农业协同发展规划（2016—2020年）》《京津冀休闲农业协同发展框架协议》《全面支持林业发展战略合作框架协议》《京津冀信息化协同发展合作协议》《京津冀协同制造工业云战略合作框架协议》《京津冀农业技术推广战略合作协议》《共同推进物流业协同发展合作协议》 |
| 交通建设 | 《京津冀口岸深化合作框架协议》《民航局关于推进京津冀民航协同发展的意见》《交通一体化合作备忘录》《共同成立京津冀城际铁路投资公司合作协议》《河北机场管理集团有限公司委托首都机场集团公司管理协议书》《京津冀船检机构协同发展合作备忘录》 |
| 生态保护 | 《共同推进京津冀协同发展生态率先突破的框架协议》《京津冀区域环境保护率先突破合作框架协议》《京津冀清洁生产协同发展战略合作协议》《散煤清洁化治理协议》《共同加快张承地区生态环境建设协议》《关于进一步加强环境保护合作的协议》 |
| 文化创新 | 《京津冀协同创新发展战略研究和基础研究合作框架协议》《京津冀新闻出版广播影视协同创新战略框架协议》《京津冀残疾人文化体育发展框架协议书》《京津冀三地文化领域协同发展战略框架协议》 |

| | | |
|---|---|---|
| 市场合作 | | 《商务领域京津冀协同发展对接协作机制》《"聚焦京津冀协同深化国地税合作"区域税收协同共建框架协议》《京津冀协同发展税收合作框架协议》《关于落实京津冀共同推进市场一体化进程合作框架协议商务行动方案》《共同加快推进市场一体化进程协议》《金融服务京津冀协同发展战略合作协议》《京津冀协同发展金融服务战略合作框架协议》 |
| 人才交流 | | 《京津冀高校毕业生就业创业协同创新框架协议》《推动人力资源和社会保障深化合作协议》《加强人才工作合作协议》《留学人员创业园共建协议》《外籍人才流动资质互认手续合作协议》《京津冀三地文化人才交流与合作框架协议》《京津冀侨联战略合作协议》《专业技术人员继续教育合作协议》 |
| 社会保障 | 民生事业 | 《京津冀民政事业协同发展合作框架协议》《京津冀养老工作协同发展合作协议（2016年—2020年）》《京津冀救灾物资协同保障协议》《协同构建人道应急体系创新发展合作联盟框架协议》《京津冀社会工作发展合作战略合作框架协议》 |
| | 医疗卫生 | 《京津冀红十字系统应急工作总体规划》《京津冀卫生计生事业协同发展合作协议（2015－2017年）》《京津冀协同发展采供血工作合作框架协议》《卫生应急协议》《津冀医疗保险跨省异地就医直接结算经办合作协议》《京津冀中医肿瘤专科协作协议书》《医疗卫生全面协同发展协议》《药品医用耗材的联合采购协议》《京津冀卫生计生事业协同发展合作协议》 |
| | 食品安全 | 《京津冀食品案件稽查联动工作协议》《深化京津冀食品药品安全区域联动协作机制建设协议》《京津冀药品生产监管工作合作协议》《京津冀食品领域全产业链追溯模式示范工作合作协议》《关于建立京津冀区域安全生产应急联动工作机制的协议》《京津冀质量发展合作框架协议》 |
| | 法制建设 | 《司法行政工作服务京津冀协同发展框架协议》《京津冀监狱工作协同发展合作协议》《京津冀法治宣传教育工作区域合作协议》《京津冀公证工作协同发展合作协议》《京津冀加强律师代理重大敏感案（事）件协调指导工作合作协议》 |

资料来源：《京津冀发展报告（2017）：协同发展的新趋势与新进展》。

（2）实践背景

自 2014 年京津冀协同发展上升为国家发展战略以来，经过几年的发展，京津冀整体实力和竞争力显著增强。在经济发展方面，总量稳步提升、发展水平日益提高，发展结构日趋优化、发展动能转换明显，内需贡献不断提升，消费日益成为驱动经济增长的主动力，为实现高质量发展奠定了良好基础；在社会民生方面，京津冀三地民生支出显著上升、居民生活水平明显改善，人民幸福感、获得感逐步提升。

与此同时，一些京津冀协同发展的重点领域也取得了一定程度的突破。一是非首都功能疏解取得阶段性成效，一方面，传统产业疏解成效显著，控增量、调存量取得进展。截至 2018 年底，不予办理新设立或变更登记业务累计达 2.16 万件，批发零售等限制类行业新设市场主体数量下降明显；疏解一般制造业企业累计达到 2648 家，疏解提升台账内市场 581 家、物流中心 106 个。另一方面，人口调控初见成效，北京人口增速由正转负且在京津冀人口总量中的占比呈下降态势，城六区人口有所下降。二是产业转型升级趋势明显，第三产业已成为经济发展的重要支撑，生产性服务业发展活力充足，高技术产业快速发展，河北工业技术改造趋势明显，近三年来，河北省工业技改投资增速由 2016 年的 4.4% 提高到 2018 年的 8.7%。三是生态文明建设扎实推进，大气环境质量、水体质量明显改善，产业绿色化、低碳化趋势明显。四是交通建设取得长足进展，交通网络日臻完善，京津冀已基本形成了由航空、铁路、港口、公路等多种运输方式构成的综合交通运输体系。五是创新驱动发展成效显著，协同创新分工格局初步形成，创新发展具有经费、人力双保障，创新产出实现数量、质量双提升，创新共同体建设加快推进。六是区域协作格局初步形成，产业转移对接活动助力产业协作，产业分工格局日趋明朗，区域内部资金联系更加紧密，投资热点行业集聚特征明显。

京津冀协同发展成效显著，但也面临一些问题，主要包括区域内部差距、城乡差距较大；北京发展面临一定挑战，非首都功能疏解和减量发展仍是北京下一步发展的重点任务，发展水平与国际大都市相比仍有提升空间；协同发展机制有待进一步完善，在跨界生态、跨界基础设施建设、产业转移与承接等方面缺乏紧密的合作机制。

**2. 研究内容及重点**

孙久文、夏添（2018）提出，根据当前京津冀协同发展推进情况，除了北京的非首都功能疏解，还有以下几项重点任务，主要包括加快产业升级、推动公共服务一体化、建设世界级城市群、加快生态治理制度设计、加快雄安新区建设五个方面的内容。

（1）提升承接能力，加快非首都功能疏解

①强化承接地环境建设，提升疏解功能承接能力。赵弘、李柏峰（2017）指出，非首都功能疏解面临规模化、品牌化集中承载区较少，承接地配套环境不完善，疏解地与承接地之间的政策协同和制度衔接不够等问题，应通过强化集中承接地环境建设、推进与承接地的产业政策和人才服务协同、拓宽非首都功能疏解的资金来源渠道等措施加快非首都功能疏解。

②探索土地供给、利用模式创新试点，做好腾退空间再利用。张贵（2018）针对非首都功能疏解后腾退空间的再利用问题，提出：要统筹规划、分区管控、分类实施，强化对疏解腾退空间管控的刚性约束；在城市副中心和雄安新区建设中，探索开展土地供给、利用模式创新试点等。

（2）构建"一体两翼多点"空间格局，打造集中承载地

李国平（2018）指出，雄安新区的设立，将成为京津冀城市群的重要空间支撑，疏解北京人口并集中承载非首都功能，与通州形成以首都为中心的相互支撑、错位发展"两翼"新格局，有效配置资源并实现内涵集约发展，完善京津冀城市群空间布局与发展形态。张贵（2018）指出，从区域空间格局来看，京津冀城市群存在一定的结构性

缺陷，城镇体系不尽合理，导致河北许多地区承接功能疏解的条件不
够完备，面对非首都功能疏解时间紧、任务重的现状，很难在短期内
同时提高众多承接地的配套条件。因此，规划建设北京城市副中心和
河北雄安新区，打造非首都功能疏解的集中承载地，不仅能够建成区
域经济社会发展的新增长极，而且能够在较短时间内弥补北京周边地
区交通设施、公共服务的短板，增强吸引力，对于加快非首都功能疏
解、推进京津冀协同发展具有重要的现实意义。

①实现雄安新区高质量建设和发展，承载北京非首都功能。孙久
文（2017）指出，雄安新区的定位，首先是疏解北京非首都功能集中
承载地。雄安新区的设立，体现出中央对疏解非首都功能这个京津冀
协同发展战略的核心任务的新思维，也是考虑到现有资源环境约束对
北京功能疏解的制约，寻找解决北京"大城市病"的现实途径。李国
平、宋昌耀（2018）指出为实现雄安新区的发展定位，雄安新区应当
采取优质承接战略、枢纽城市战略、创新发展战略和智慧宜居战略等
四大战略，实现高质量发展。积极承接非首都功能疏解是雄安新区高
质量发展的前提，打造枢纽城市是雄安新区高质量发展的基础，创新
发展是雄安新区高质量发展的动力，智慧宜居是雄安新区高质量发展
的落脚点。李国平（2018）指出，雄安新区要成为创新驱动发展新引
擎，建设成为落实新发展理念的创新发展示范区，应重在承接北京非
首都功能疏解中加速汇聚创新要素。张春雷（2017）指出，雄安新区
需要建立一流规划体系、现代交通系统、优良生态环境、高端高新产
业、优质公共服务、创新体制机制、绿色智慧城市、独特历史文化等，
共同构建承接北京非首都功能疏解的支撑体系。

②通州城市副中心建设成为中心城区的反磁力中心。2017 年 6 月，
北京市第十二次党代会对建设北京城市副中心进行了系统谋划和具体
部署，强调建设高水平城市副中心，示范带动非首都功能疏解，形成
配套完善的城市综合功能，北京城市副中心在首都发展中的全局性、

战略性地位和作用全面确立。王学勤、杨奎等（2018）指出，城市副中心是首都城市改变单中心聚集、"摊大饼"式发展模式的重要着力点和构建"一核一主一副、两轴多点一区"空间结构的主要功能节点。建设高水平城市副中心为优化首都城市空间布局、提升资源空间配置效率、优化发展效益夯实了根基。

③建设城市"微中心"，优化区域空间布局。肖金成、马燕坤（2016）指出，承接北京市的功能疏解和产业转移，是河北省的责任和重大机遇，是缩小京津冀之间差距的重大举措。河北省要通过培育新的经济增长极，增强对产业和人口的吸引力，成为京津冀区域的新亮点，打造北京市的"反磁力中心"。赵弘（2016）指出推动京津冀协同发展，应按照"分散紧凑型"理论，坚持大分散、小集中原则，聚焦重点区域，加快在北京周边规划建设新城、卫星城、微中心，构建"主城—新城""主城—卫星城""主城—微中心"的多中心、分散化、网络化布局。孙久文、林文贵（2018）指出，京津冀协同发展要求北京市必须疏解非首都功能，"微中心"成为疏解非首都功能的一种微观方法。未来，"微中心"应该以产业转移为动力，并加强交通条件的优化，提高国土规划的科学性。孙久文（2018）认为，对于城市问题严重、卫星城不能完全解决问题的特大城市，应建设大型的"反磁力中心城市"，把雄安新区看作北京的一个巨大的反磁力中心，具体来看，在中心六城区（内圈）集中建设行政、文化机构来发挥"两个中心"职能；在近郊区（一小时都市圈）布局科研、高校和外事机构，以轨道交通作为交通走廊串联，发挥科技创新中心和对外交往中心的职能；在远郊区以及周边河北地区（两小时交通圈）布局基本的生活服务行业和制造业，形成良好的合作经济圈层，形成为首都四个中心服务的优化的空间布局。

（3）围绕协同发展的迫切需求，推动重点领域取得突破

①推动交通智能一体化发展，构建京津冀区域综合交通运输网络。

自京津冀协同发展上升为国家重大发展战略后,《京津冀协同发展规划纲要》《京津冀协同发展交通一体化规划》相继出台,京津冀交通一体化取得了明显成效。"轨道上的京津冀"加快建设。津保、张唐铁路建成通车,京张高铁、京沈客专以及京唐城际、京滨城际、首都机场 - 北京新机场城际铁路联络线开工建设,京津冀"1 小时交通圈"和"半小时通勤圈"正在形成。"四纵四横一环"公路网加快形成,京台高速公路北京段、首都环线高速张承段、京秦高速公路河北段和天津段建成通车,首都环线高速北京段、兴延高速公路等全面开工,累计打通扩容"断头路""瓶颈路"800 多公里。北京新机场主体工程和配套设施建设全面开工,机场红线内拆迁完成,飞行区、航站区、场内道路市政工程开工建设,航站楼实现封顶。现代化港口群加快形成,天津港与唐山港深化合作,天津港实施京冀地区 10 个"无水港"优化提升,扩容了天津港至唐山、黄骅、秦皇岛和曹妃甸等港口的环渤海集装箱内支航线运量。

对于京津冀交通领域的研究,专家学者在该阶段主要侧重于交通智能一体化发展方面。张焕生、郝国芬等(2018)指出,只有利用云计算、大数据技术建立综合性的智能交通信息体系,才能真正实现信息资源的全面整合与共享,做到统一监管、决策和运营调控,全方位满足人们的交通出行需求,实现京津冀交通一体化发展。任建强、冯越等(2018)认为,雄安新区作为北京非首都功能的集中疏解地,与京津之间的交通路网信息化、智能化建设和交通畅通运行尤为重要,应倡导进行京津雄三角区道路交通路网智能化建设。井国龙、张秋红(2018)指出,京津冀交通一体化经过 3 年的重点突破发展取得一系列成效的同时,也存在区域交通服务一体化水平和管理协同程度仍需进一步提升,交通运输信息化智能化水平仍需加强等问题。

②加快生态治理制度设计,加强生态环境保护。在生态环境治理

方面，京津冀三地大气污染联防联控深入推进，成立了大气污染防治协作小组，建立了"京津冀环境执法联动工作机制"，统一了区域重污染天气预警分级标准，出台了"2＋26"城市大气污染防治工作方案，一系列政策、措施的出台有效地促进了区域生态环境治理由"碎片化"向整体性转变，环境治理成效显著。

这一阶段，学者们主要侧重于生态环境治理制度的进一步研究深化，刘海猛、方创琳（2018）通过对京津冀城市群大气污染的时空特征与影响因素解析，提出要加强区域间联防联控与合作治理，在城市群规划中注重环保规划与立法。王秦、李慧凤等（2018）通过对京津冀雾霾污染的经济分析，提出从利益补偿机制、沟通协调机制、效益评价机制与反馈提高机制四个维度设计京津冀三方联动雾霾治理机制的总体框架。赵新峰、袁宗威（2019）提出了京津冀区域大气污染协同治理的路径：在体制层面，实现由"属地管理"到"区域协同治理"的转变；在机制层面，实现由"运动式"协同治理到"常态化"协同治理的转变；在政策工具层面，实现由"单一型"工具到"复合型"政策工具的转变。

③推动产业转型升级，优化产业空间布局。产业协同是京津冀协同发展的重要载体和关键所在。在推进产业协同发展的过程中，加快产业转型升级、加速产业转移对接、加强产业互动合作是实现区域产业协同发展的重要举措。刘艳、郑杨（2018）认为在非首都功能疏解背景下，京津冀在产业协同发展方面面临着诸如京津核心区对周边区域存在的产业"空吸作用"，京津冀三地协同机制不健全，三地产业变迁的生态负外部性正逐渐扩大等问题，提出京津冀三地不仅要充分发挥政府的协调作用并快速优化产业转移的制度环境，还要发挥市场在产业转移中的基础性作用，尽快建立产业合作的动态关联机制，加大财税支持力度并大力提高产业承接的融资信贷水平，注重产业创新和产业变迁的生态性和可持续性。王昊（2018）从供给侧结构性改革角

度分析，提出北京非首都功能的高质高效疏解需要做到"三个结合"，与产业转型升级、与促进劳动力质量提升、与企业改革发展相结合。王大树、金希娜等（2018）提出有序推进京津冀产业转移要处理好如下五对关系：政府与市场，定位与错位，疏解与承接，集中与分散，产业与人口。要积极探索人口密集地区产业优化发展的新模式，同时进行产业疏解与公共服务资源转移，有序推动产业和人口聚集，形成定位清晰、分工合理、功能完善、生态宜居的现代城镇体系。

（4）探索供给途径、创新共享模式，实现基本公共服务均等化

促进基本公共服务均等化是有序疏解北京非首都功能的重要前提和京津冀协同发展的本质要求。2014 年后，京津冀三地在基本公共服务领域的协同合作日益深化，签署了一系列战略合作协议，例如《京津冀民政事业协同发展合作框架协议》《京津冀养老工作协同发展合作协议（2016 年–2020 年）》《协同构建人道应急体系创新发展合作联盟框架协议》《京津冀社会工作发展合作战略合作框架协议》等，不论是在科技教育领域还是医疗卫生领域，京津冀三地合作不断加深，但仍存在基本公共服务落差过大等突出问题。

刘丽敏、王依娜（2019）指出，京津冀三地的政府、市场、社会三方基本公共服务供给主体存在职责权限不清晰等问题，导致出现优质社会保障服务呈现"聚拢效应"、文化类公共服务的标准化水平差异较大、社会类公共服务呈"三个梯队式"发展等问题。杨胜利、段世江（2019）通过构建京津冀公共服务资源评价指标体系，检验了京津冀人口空间变动与公共服务资源供给的协调性，指出公共财政支出、人口密度和人口流动对公共服务资源协同发展具有显著影响，缩小公共财政支出差距，合理引导人口流动，推进新型城镇化建设是促进京津冀城市群公共服务协同发展的有效途径。吕敏、魏诗谣（2019）指出，京津冀三地一方面应通过建立适合京津冀三地的公共财政制度，优化合理利用公共财政资源，提高公共财政资源利用效率，同时加强

资源利用监督与管理；另一方面全面覆盖、统筹规划、合理布局京津冀公共服务调配平台，公共服务要素突破地域界限充分流动，尽可能地减少优质资源的过度集聚和资源不均等现象。

（5）通过体制机制创新破除协同发展的制度壁垒

周密（2016）指出，京津冀三地之间由于传统行政区划所隐含的壁垒仍然较为强大，主要表现在要素自由流动的制度壁垒和协同的制度设计较为分散等方面。魏丽华（2017）指出，要进一步推动京津冀三地合作进程，创造京津冀协同发展的良好制度环境，必须构建制度协同体系，强化制度设计体系中利益的协同性，强化制度供求结构的有效性与均衡性，强化政府在制度供给中权力行为的边界性。

①通过体制改革和政策创新，实现生产要素自由流动。张贵（2018）指出，鼓励河北雄安新区开展行政管理体制、户籍制度及投融资体制等方面的综合改革探索，部分政策时机成熟后可以在京津冀其他区域推广。在人才和公共服务政策创新方面，围绕三地专业技术人才资质互认、跨区域执业、外籍人才出入境等方面开展协作试点。刘晖、李欣先等（2018）提出促进京津冀协同发展需考虑专业技术人才的空间合理布局，推进第三产业向南北腹地延伸，化解优质教育资源集中困境，加快交通路网建设，形成促进协同发展的人才合力。李延军、史笑迎等（2018）通过测算京津冀区域金融中心城市的辐射半径得出，京津冀区域金融集聚对经济增长存在比较显著的空间溢出效应，京津对周边城市存在辐射效应，但尚未对河北省整体形成强有力的辐射，应加强区域金融协同发展，降低金融壁垒，进而促进区域整体经济的快速发展。

②通过协同立法，建立保障战略及规划有效落实的长效机制。周密（2016）指出，目前关于协同的总体思路和方向较为明确，但落实到交通基础设施、环境污染治理、科技创新发展等具体方面的制度保障比较分散，缺乏统筹、对接和具体实施路径的设计。战略与规划的

落实缺乏长效制度和机制保障。京津冀协同的制度主要是规划，然而我国的规划在实施和评价过程中缺乏必要的法律规范、有效监督和科学方法。石敏俊（2017）认为，京津冀协同发展要解决的两个核心问题是解决北京面临的"大城市病"和带动河北省的经济发展，京津冀地区发展能力存在较大的落差，特别是京冀两地之间的差距较大，导致落差形成的主要原因之一就是体制和机制方面的原因，特别是绩效考核机制和基础设施建设与公共服务的投融资机制。

（6）加强创新共同体建设，大力促进创新驱动发展

一是创新协同要把握好"三个环节"，实现"四个协同"。祝尔娟、鲁继通（2016）指出，协同创新需要把握好"三个环节"，实现"四个协同"。把握"三个环节"，即弄清协同创新的潜在利益，取得创新各方的共识；弄清协同创新的主要障碍，寻找消除障碍的路径；整合创新资源和创新活动，获得多赢的创新收益。实现"四个协同"，即实现理论创新与实践创新的协同；顶层设计与基层摸索的协同；高端协调与地方作为的协同；政府与市场的协同。

二是通过协调创新制度，促进京津冀区域高质量协同创新。叶堂林、祝尔娟（2019）指出，京津冀三地存在着创新能力差距过大、缺乏区域创新链等短板。京津冀应围绕重点产业链布局创新链，完善政府间协同创新对接机制，完善市场机制，促进高质量协同创新。刘慧、江时学（2019）通过借鉴欧洲研究区在协调欧盟各地区创新政策、建设跨区域创新合作平台以及创新共同体治理手段和监督机制等方面的建设经验，提出京津冀三地应建立强有力的协调领导机构，以加强创新合作推动各地区创新制度的协调，开发多种工具共同推动京津冀各创新主体的跨区域协同创新等。孙丽文、张蝶等（2018）通过构建区域科技协同创新指标体系，运用复合系统协同度模型对京津冀三地协同创新能力进行测度和评价，提出应从优化京津冀协同创新顶层设计，协调好三地在协同创新过程中的分工与合作，建立区域内科技、人才

等创新资源共享机制，提升河北省对京津创新成果的吸收能力四个方面解决京津冀区域协同创新能力差异大、整体协同度低等问题。王秀玲、王亚苗（2017）指出，打造京津冀协同创新共同体已逐步成为京津冀三地推进协同发展的着力点和务实举措。加快京津冀协同创新共同体建设要在政府引导和支持下，以加速创新要素流动为手段，加快弥合发展差距；以产业优势互补合作为纽带，贯通产业创新链条；以深化体制机制改革为动力，重组区域创新资源，加快推动三地实现政策同向、产业同链、载体同建、要素同用、利益同享的协同创新格局。

（7）建设以北京为中心的世界级城市群

王玉海、张鹏飞（2018）从国际层面重申了京津冀都市圈的历史使命，跻身世界都市圈，成为世界级城市群。胡安俊、孙久文（2018）指出，建设京津冀世界级城市群，既需要加强创新驱动，提高成果转化能力，搭建连接介质，推进产业和技术转移，也需要促进基本公共服务均等化，完善空间体系，建设绿色低碳示范区，促进区域协调、共享与绿色发展，还需要体制改革、人才、资金和土地等要素的保障。李国平（2018）指出，首先，京津冀城市群需要打造以各自中心城市为核心的城市圈，提升区域中心城市发展水平。北京和天津都是人口规模超过 1000 万的特大城市，京津冀地区目前缺少 500 万～1000 万人口的特大城市，城市群内城市等级断层，不利于城市之间产业和创新的传导，以及构建完整的跨区域产业链体系。其次，要明确京津冀城市群内各城市圈以及各中心城市的分工定位。在落实北京"四个中心"和天津"一基地三区"定位的同时，着力推进北京的去功能化、天津的服务化和河北各个城市的去资源化。第三，进一步发挥北京作为京津冀世界级城市群的核心作用。北京经济必须要高速发展，但不是扩张性增量发展，而是通过提升劳动生产率实现减量发展。北京必须发挥金融等生产性服务业发达和科技创新资源丰富的优势，致力于构建跨地区的产业链和共建科技园区等方式强化与周边城市的联系，以助推河北各地经济社会快速发展，缩小城市群内部城市间的发展差距，从而加快将京津冀地区建设成为一流的世界级城市群。金凤、王铮（2018）指出，京津冀城市群正处于城市群交融协同发展阶段的协同向协振跃升期，推动京津冀城市群能级提升应重点关注大产业空间布局、生态环境修复与合理城镇网络构建。

### 3. 研究方向及存在问题

随着顶层设计逐步落地，京津冀协同发展各领域进入了全面推进、重点突破的发展阶段，专家学者更加专注于研究协同发展过程中的各领域进展、主要问题以及解决途径等方面，研究重点集中在非首都功能疏解、区域空间格局构建、协同发展重点领域突破、公共服务均等化、协同创新以及世界级城市群建设等方面。但也存在着一些问题，主要体现在：一是研究虽然强调了协同发展需坚持市场主导、政府引导的基本原则，但对社会组织的作用发挥方面研究明显不足，对于政府、市场、社会在各领域协同发展过程中的职责权限以及在不同领域如何协作等方面研究较为匮乏。二是京津冀在协同发展目标上虽然已达成共识，也明确了体制机制创新是有序疏解非首都功能、推动京津冀协同发展的重要途径，但在如何实现京津冀跨界生态、跨界基础设施建设、公共服务一体化、产业转移与承接等紧密合作机制方面研究不足，在如何通过运用治理理念实现区域协同、构建利益共同体等方面研究不足。

### 4. 研究评述

这个阶段总体研究呈井喷式发展态势，在京津冀协同发展总体目标上大家已经取得了共识的情况下，研究重点体现为：在区域整体上，研究主要集中在京津冀协同发展顶层设计如何实现落地，如何有序推动北京非首都功能疏解、推进交通一体化发展、加强生态环境保护及联防联治、推动区域产业升级转移、大力实施创新驱动发展和持续深化体制机制改革等方面；在对北京的研究中，更多地集中于"四个中心"功能定位的实现，如何更好实现非首都功能的疏解、如何实施"腾笼换鸟"战略和构建高精尖经济体系、如何完善城市形态实现"一核"与"两翼"协调发展、如何建设"三城一区"打造具有世界影响力的创新策源地；在对天津的研究中，更多地集中在"一基地三区"的功能定位上以及如何发挥滨海新区的作用上；在对河北的研究中，更多集中在"三区一基地"的功能定位上以及如何建设雄安新区等方面。未来京津冀协同发展研究重点将呈现以下趋势：第一，协同路径创新方面的研究，重点研究如何通过制度创新、政策创新、科技创新等推动交通、产业、生态、公共服务、城镇等的一体化建设，探索区域协同发展新路径，解决京津冀协同发展在全面推进中所面临的难题；第二，激励协同发展主体作用发挥方面的研究，将更多地从区域治理的角度探索建立市场、政府和社会组织三位一体的协同发展机制，更多研究如何发挥市场、社会组织和公众在协同发展过程中的作用；第三，注重协同发展模式方面的研究，为我国探索人口密集地区优化开发新模式提供借鉴。重点研究非首都功能疏解、产业转移升级、生态环境治理、公共服务共建共享、世界级城市群打造等领域的新模式，推进协同发展进程。

京津冀三地在不同阶段关注和研究的重点

第三章

# 一 北京市关注和研究的热点与重点问题

**1. 探索和启动阶段（1978～1995 年）——发挥首都的城市功能，建设现代化国际城市**

北京对于京津冀区域联合和协调发展的关注始于 20 世纪 80 年代。1982 年，《北京市城市建设总体规划方案》中第一次正式提出了"首都圈"概念，在合作设想上拉开了京津冀协同发展的序幕。

党的十四大报告中提出要加快环渤海地区的开发、开放，并将这一地区列为全国开放开发的重点区域之一。在此背景下，"八五"时期，北京市计划委员会为北京能更好发挥首都的城市职能，提升城市经济结构层次，优化产业结构，组织在京的科研单位，同时邀请河北省、天津市数十位有关专家，开展《首都及周边地区生产力合理布局研究》，对北京和周边城市的不同产业和行业联合的可能性和可行性进行深入研究，对京津冀地区生产力布局分工提出了具体方案。90 年代起，北京城市科学研究会联合京津冀九个城市城科会一同开展了京津冀地区城市协调发展研究，先后召开了多次研讨会，在京津冀区域协调发展的基本原则和发展方向上基本上达成共识，并取得了一些研究成果。另外，在 1992 年对《北京城市总体规划》的修订中，北京市规划部门经过对区域协调发展的一些问题进行研究论证后，在方案中提出："北京城市发展方向是现在北京城的东部和南部的平原地区的扇形地带，其中沿京津塘高速公路将成为北京城市主要发展轴，京津之间将形成华北地区经济最发达城市群。"此规划方案于 1993 年正式获得国务院批复。

1995 年，在制定北京市第九个经济和社会发展五年计划和远景目标纲要时，北京市委强调了一个重要原则：要进一步扩大对内对外开放，努力把北京建设成为全方位对外开放的现代化国际城市；并指出发展北京经济，还应加强兄弟省市特别是京津冀之间的联合协作。

实践方面，1988年，北京市与河北省保定、廊坊、唐山、秦皇岛、张家口、承德等6市组建了环京经济协作区，将其定位为"在北京市、河北省政府指导下，以中心城市为依托的开放式、网络型的区域组织"，并建立了市长、专员联席会制度，设立了日常工作机构，相继创办了农副产品交易市场、工业品批发市场，推进了京冀两地合作。而1994年以后，政府之间无序竞争问题日益突出，环京经济协作区开始步入低潮。

1993年5月，北京经济技术开发区正式投入使用。北京经济技术开发区位于北京东南郊京津塘高速公路北京起点处的亦庄，不仅对北京的经济发展有着举足轻重的作用，同时也是京津冀城市群经济的窗口和纽带，在对外交往、招商引资和科技管理人才方面均对京津冀乃至环渤海地区起到积极作用。

1993年7月17日，北京市政府与唐山市政府签订了联合建港的协议。两地联合建港，对北京来说是实施"跳出北京，发展北京"经济发展战略的第一步，此举将加快北京的对外开放与经济发展的进程。对唐山而言，与北京联手，能够有效缓解资金短缺问题，同时借助北京可以提高港口地位和竞争力。

2. **推进和实践阶段（1996~2005年）——打造首都经济圈，构建区域合作框架**

1996年国家"九五"计划中将环渤海地区列为7个跨省区市经济区域中的第二位。北京市委于同年制定的《北京市经济发展战略研究报告》指出，北京周边范围即为以京津为核心，包括河北7个市，面积共16.8万平方公里的"首都经济圈"，为这一时期三地学者对京津冀投入更多的关注埋下了伏笔。在此期间最令人瞩目的科研成果当属 1999 年 10 月开展的由两院院士、清华大学建筑学院吴良镛教授主持，联合三地相关单位的百余位学者专家开展的《京津冀北（大北京地区）城乡空间发展规划研究》，此研究成果于 2002 年对外公开。《京津冀北（大北京地区）城乡空间发展规划研究》确定了大北京地区规划的基本思路，提出以北京、天津"双核"为主轴，以唐山、保定为两翼，疏解大城市功能，调整产业布局，发展中等城市，增加城市密度，构建大北京地区组合城市；京、津两大枢纽进行分工与协作，实现区域交通运输网从"单中心放射式"向"双中心网络式"的转变；城市将沿区域交通轴，呈葡萄串式分布发展，相互以生态绿地联结；建立行之有效的区域协调合作机制，在区域整体协调原则指导下，对这一地区原有城市总体规划进行调整，共同推进建设世界城市的战略。可以说，此项研究把京津冀地区的发展研究提升到了一个新的高度。

21 世纪之初，中国加入世界贸易组织，为市场作用增强创造了条件，而北京申奥成功，绿色、科技、人文奥运，促使北京加速产业结构提升、生态城市建设、人居环境改善，从而增加了其与天津和河北两地联合与合作的切入点。2001 年国务院批准《21 世纪初期首都水资源可持续利用规划》和《京津风沙治理规划》，意味着三地将进行水资源保护开发和生态环境治理方面的合作，同年 9 月 18 日，京津冀政协生态环境建设、防风治沙绿化工作研讨会在京举行，三地就加快防风治沙步伐、建设绿色生态屏障、改善北京生态环境等联袂研讨，共商首都圈生态建设。2005 年 2 月 18 日，国家发改委做出关于首钢搬迁河北唐山曹妃甸岛的批复，同意首钢实施压产、搬迁、结构调整和环境治理方案，并同意在河北省唐山地区曹妃甸建设一个具有国际先进水平的钢铁联合企业作为搬迁的载体。同年 4 月 20 日，国家颁布《钢铁产业发展政策》，明确"对首钢实施搬迁，与河北省钢铁工业进行重组"。8 月 19 日，首钢曹妃甸钢铁厂项目可行性研究报告顺利通过北京市市政府论证。2005 年 10 月 21 日，首钢京唐钢铁联合有限责任公司在曹妃甸挂牌，首钢搬迁进入实质性阶段。这一项目是京冀跨区域合作的重要实践，对推进京津冀地区协调发展将发挥积极作用。

同时在这一时期，北京与河北、天津在交通基础设施建设方面的合作有所加强。2002 年，北京朝阳口岸与天津港口岸开始直通，北京和天津两市实现港口功能一体化。同年，首都国际机场和天津滨海机场联合，率先实现了中国民航跨区域机场的整合。随后首都国际机场和天津滨海机场也决定加强合作，共享客货运航线并互为备降机场。2004 年 5 月 22 日，北京市科委与天津市科委联合召开京津科技合作座谈会并签署"京津科技合作协议"，加快京津塘"科技新干线"建设步伐。同年，京承高速与京津高速公路开建。

**3. 深化和繁荣阶段（2006～2013 年）——建设世界城市，加强京津冀区域全面合作**

我国"十一五"规划纲要中提出，要发展建设京津冀城市群；北京在其新一轮的总体规划中也提出，积极推进环渤海地区的经济合作与协调发展，加强京津冀地区的协调发展，要基本形成以北京、天津为中心的"两小时交通圈"；2009 年北京提出了建设中国特色世界城市的目标，"十二五"规划纲要中又提出打造"首都经济圈"；2012 年 5 月国务院批准的 2012 年区域规划审批计划中，《首都经济圈发展规划》居首。在此宏观背景下，北京市政府对促进京津冀地区发展的主动性有所增强，2006 年 10 月 11 日北京市与河北省召开经济与社会发展合作座谈会，两地正式签署《北京市人民政府、河北省人民政府关于加强经济与社会发展合作备忘录》，这一举措标志着京冀两省市进入了深化合作，共同谋求区域协调发展的新阶段。2008 年 1 月 4 日，北京海关与天津海关在津签署关际合作备忘录，两地海关合作再上新台阶。2008 年 2 月，京津冀发改委共同签署了《北京市天津市河北省发改委建立"促进京津冀都市圈发展协调沟通机制"的意见》。2008年4月在北京出台了《关于进一步加强与周边地区合作促进区域协调发展的意见》；2010年7月15日，京冀签署《北京市、河北省合作框架协议》，建议统筹编制双方相关领域发展规划；2013年5月北京市与河北省签署的《2013至2015年合作框架协议》中提到，北京和河北在3年内要尽快完成京张铁路、京沈客运专线相关工作，在重大基础设施共建共享等领域加强合作。

北京为推进区域合作，自觉将全市经济社会发展置于京津冀这一更大的空间内进行筹划，在新城建设、产业分工、交通构建、环境治理、旅游发展等方面有了更多实质性的举措。

一是新城建设。北京市总体规划（2004年~2020年）中提出"两轴、两带、多中心"的空间发展规划，提出要在周边建设11个新城，以疏解中心城区功能，优化北京空间布局的战略举措。2007年11月7日，北京市规划委发布了经市政府批复同意的《北京十一个新城规划）（2005—2020）》，在新城规划中，充分考虑了京津冀协同发展的要求，特别是顺义和亦庄两个与滨海新区可能形成产业发展类型重叠的新城，在功能定位及产业发展方面应与滨海新区形成"错位"发展。在顺义新城规划中提出要充分发挥国际空港的独特优势，借助北京高素质人才、资金、信息等战略资源，利用首都国际机场发展临空经济，打造与天津临港工业相呼应的临空产业中心，从而形成京津城镇发展走廊北有空港、南有海港，共同带动区域发展的格局。

二是产业分工。2011年10月30日，北京市公布了由北京市经济和信息化委员会编制的六个产业规划，以及《北京市"十二五"时期工业布局规划》。"十二五"工业布局规划提出，"通过大兴、房山、通州及生态涵养区产业与天津、河北邻近城市产业发展的统筹协调，以物流服务业为纽带，以高速公路、铁路等交通干线为轴，实现京津冀产业发展的区域合作。"

三是交通构建。2008 年 7 月北京和天津之间直达的第二条高速公路——京津高速公路全线贯通。京津高速公路是连接京津两市南、北、中三条高速公路中的北通道。同年 8 月京津城际铁路正式开通运营。2012 年 12 月 26 日由铁道部和北京市、河北省共同投资，组建合资铁路公司，组织工程建设京石铁路客运专线正式通车，北京至石家庄间旅行时间将不到一小时。交通设施日益完善使得三地正在朝着一体化方向发展。

四是环境治理。2006 年 7 月开始，为了改善北京环境质量迎接 2008 年奥运会，北京焦化厂逐步停产搬迁至京唐港。2009 年，京冀联合启动了"京冀生态三年合作建设"项目。北京市出资 1.35 亿元，用于河北省环北京地区相关水资源和生态的建设。

五是旅游发展。2008 年 12 月 2 日，"环渤海及北京周边九省区市域旅游合作会"在京召开，与会省区市共同签署的《2008 北京区域旅游协作意向书》显示，今后九省区市将推进区域旅游绿色通道建设。2009 年 3 月，京津冀联合推出了京津冀旅游"一卡通"，自 2009 年 7 月 1 日起，京津两地开通"旅游绿色通道"，减免旅游大巴的高速公路通行费用，大力推动京津互动游。一系列举动促进了京津冀三地旅游业共享资源、共拓市场。

**4. 战略提出与顶层设计阶段（2014～2015 年）——北京城市定位、功能疏解推动区域协同发展**

北京作为中国首都和现代化国际大都市，承载了政治、经济、文化、军事、国际交往和交通枢纽等多重职能，造成交通拥堵、环境恶化、人居环境质量下降等突出问题，严重地制约着城市未来发展。2014 年习近平总书记在北京考察时强调北京要明确城市战略定位，强化首都全国政治中心、文化中心、国际交往中心、科技创新中心的核心功能，调整疏解非首都核心功能，优化三次产业结构，优化产业特别是工业项目选择，突出高端化、服务化、集聚化、融合化、低碳化，有效控制人口规模，增强区域人口均衡分布，促进区域均衡发展。因此这一时期，北京以优化首都功能为重点，努力与津、冀两地实现优势互补、协同发展。

2014 年 3 月在北京市委十一届五次全会上，北京市委书记郭金龙指出，北京发展离不开京津冀协同发展。北京要解决城市功能疏解、控制人口、治理"城市病"等难题，根本出路是推动京津冀协同发展、一体化发展。同时，郭金龙要求北京市党政干部自觉打破自家"一亩三分地"的思维定式，当前，主要从以下六个方面入手，着力打造现代化的新型首都经济圈，提高京津冀区域发展的整体水平：一是加快推进基础设施的互联互通，与河北省共同推进北京新机场建设，抓好一批区域重点交通项目，推动京津冀区域交通一体化；二是加强产业对接协作，发挥中关村辐射带动作用，搭建技术和产业转移平台，使更多的科技成果在京津冀地区转化；三是加强生态环境保护合作，完善防护林建设、水资源保护、水环境治理、清洁能源使用等领域合作机制；四是推动北京教育、医疗等公共服务资源在区域共建共享，提升区域公共服务水平；五是协同推动城市群体系建设，共同促进区域大中小城市协同发展；六是北京市与河北省做好联合申办 2022 年冬奥会工作。

自此北京开始着眼于疏解非首都功能，推进交通、基础设施互联互通、公共服务共建共享、产业转型升级与转移对接、大气污染联防联控，全方位、深层次地参与到京津冀协同发展建设中，从强化沟通对接、加快平台建设到落实重大项目都发挥了更大的作用。

这一阶段，北京采取的实质性举措包括以下几个方面：

一是非首都功能疏解。在增量控制方面，2014 年 7 月北京市出台了《北京市新增产业的禁止和限制目录（2014 版）》，并在 2015 年做出修订。在存量调整方面，按就地淘汰、转移疏解、改造升级等方向对存量功能和产业加快调整。2016 年北京市制定完成了《北京市推进市场和物流中心疏解提升的工作方案（试行）》。同年，通报了《北京市推进京津冀协同发展 2016 年重点项目》，推动城六区重点区域集中连片疏解治理。2017 年 2 月，《关于组织开展"疏解整治促提升"专项行动（2017－2020 年）的实施意见》发布。2016 年，北京市退出300 家一般制造和污染企业，提前一年完成累计退出 1200 家一般制造和污染企业的任务。2017 年，完成动物园地区、大红门地区、天意等批发市场撤并升级和外迁，基本完成官园、万通、雅宝路地区等批发市场的转移疏解和升级。实施了一批医院、高等学校的拆建、扩建工程，同仁医院亦庄院区扩建工程，朝阳医院东院区新建工程，友谊医院顺义院区建设工程，实现天坛医院新院试运行。完成北京工商大学良乡校区二期新建工程和北京电影学院怀柔校区、北京信息科技大学昌平校区、北京建筑大学大兴校区新建工程。北京城市学院顺义校区二期工程建设完成并入住学生 5000 人左右。

二是交通一体化建设。2014 年，北京与天津、河北分别签订了《交通一体化合作备忘录》。首先，推进一批重点项目建设。包括京沈客专、京张铁路、京霸铁路、京唐城际、京滨城际、城际铁路联络线、平谷线和丰台火车站等一批轨道交通和铁路工程；京台高速、京秦高速、国道 109 新线、兴延高速、延崇高速、承平等一批高速公路项目，2014 年实现京昆高速北京段通车。全面实施北京新机场航站楼、航空公司基地、外围交通和市政配套项目等新机场工程建设。其次，加强交通信息互联互通，推进跨区域重点城市公交一卡通、货运公共信息平台等交通服务管理一体化。最后，2017 年 4 月，京津冀城际铁路发展基金设立。其中基金的 70% 投资用于区域内城际铁路建设，30% 投资用于沿线土地综合开发。

三是环境治理。2014 年 8 月京津两地共同签署了《关于进一步加强环境保护合作的协议》，推进生态环境协同治理。完善协同发展生态环境保护规划，共同建立污染监测预警与应急联动机制，积极推进跨

77

区域碳排放权交易市场建设，继续实施生态水源保护林等工程，推进京津保中心区过渡带生态建设，共同构建区域生态安全体系。

四是重点战略合作功能区建设。以首钢曹妃甸园区、新机场临空经济合作区、天津滨海中关村科技园、张承生态经济区为突破口，推动区域协同发展。2014 年 7 月，京冀双方签署了《共同打造曹妃甸协同发展示范区框架协议》《共建北京新机场临空经济合作区协议》《共同推进中关村与河北科技园区合作协议》《共同加快张承地区生态环境建设协议》。2014 年 8 月，京津两地共同签署了《贯彻落实京津冀协同发展重大国家战略推进实施重点工作协议》《共建滨海—中关村科技园合作框架协议》《关于共同推进天津未来科技城京津合作示范区建设的合作框架协议》。

五是推动协同创新、打造创新共同体。2016 年 9 月，国务院先后印发实施了《北京加强全国科技创新中心建设总体方案》《北京市"十三五"时期加强全国科技创新中心建设规划》《北京系统推进全面创新改革试验加快建设全国科技创新中心方案》，勾画了北京市建设全国科技创新中心的远期、中期、近期"设计图"，设立了推进科技创新中心建设办公室以及"一处七办"的"架构图"①。

六是公共服务资源的共建共享。2014 年 5 月，北京与河北开启医疗合作，朝阳医院派出 13 个科室的专家入住燕达医院，开始合作办医试点。自 2015 年 2 月京冀张医疗协同发展框架协议签署后，北京天坛医院（张家口）脑科中心、北京积水潭医院张家口合作医院、张家口市中医院北京中医医院合作医院、北京同仁医院张家口合作医院已在张家口市挂牌运行，2017 年 9 月北京回龙观医院、首都医科大学附属北京口腔医院分别与张家口市沙岭子医院和口腔医院签约，挂牌成立

---

① 胡慧馨：《建设科技创新中心在路上——北京支撑全国科技创新中心建设的配套政策综述》，《科技促进发展》2018 年第 5 期。

北京回龙观医院张家口合作医院、北京口腔医院张家口合作医院。2014 年 7 月 6 日，北京八中固安分校签约并揭牌。2017 年 9 月，北师大天津生态城附校正式开学。北京景山中学曹妃甸分校和香河分校相继开学，同时北京五中、八一学校、北京八中、史家胡同小学等多所北京中小学校分别在河北唐山市、大厂回族自治县、永清县、固安县等地开办分校。

**5. 全面推进与重点突破阶段（2016 年至今）——推动城市副中心建设及雄安新区发展**

2018 年北京市出台了《推进京津冀协同发展 2018—2020 年行动计划》，在推进城市副中心建设及雄安新区发展、交通一体化建设、生态环境保护、提升产业合作格局、公共服务规划和政策的统筹衔接等方面做出了较详尽说明。2017 年 9 月，中共中央、国务院批复《北京城市总体规划（2016 年 – 2035）》，该总体规划描绘了未来 20 年北京建设国际一流的和谐宜居之都的宏伟蓝图、重要举措以及发展方向。2018 年 12 月，国务院批复了《北京城市副中心控制性详细规划（街区层面）（2016 年—2035 年）》，批复提出，要坚持高质量发展，把城市副中心打造成北京的重要一翼，同时发挥城市副中心对周边的辐射带动作用，实现通州区与河北省廊坊北三县地区统一规划、统一政策、统一标准、统一管控，促进协同发展。

2018 年 1 月 2 日，京津冀协同发展工作推进会议在北京召开，张高丽副总理指出，加快推进北京城市副中心建设，做实做细做好北京市级机关和市属行政部门搬迁工作。深入推进京津冀全面创新改革试验，加快建设北京全国科技创新中心。扎实推进交通一体化建设，强化区域污染联控联治和生态环境保护，促进产业优化升级和有序转移。大力促进基本公共服务共建共享，让广大群众更多享受协同发展带来的实惠。王德利、徐静等（2019）指出，围绕优化提升首都核心功能，抓好北京中心城功能、人口疏解及新城建设多项重点任务，建立北京非首都功能疏解与周边承载地的对接机制,推动北京重点新城开展综合配套改革试点,精细和集约地使用建设用地,降低非首都功能承载空间,有序推动北京非首都功能外移,加快北京世界城市建设。

这一阶段,北京采取的实质性的举措和实践成果包括以下几个方面:

一是非首都功能疏解。截至2018年底,不予办理新设立或变更登记业务累计达2.16万件,批发零售等限制类行业新设市场主体数量下降明显;疏解一般制造业企业累计达到2648家,疏解提升台账内市场581家、物流中心106个。从占比看,北京的工业、批发和零售业等行业增加值占比明显下降,工业由17.6%降至14.7%,下降了2.9个百分点;批发和零售业由11.0%降至8.4%,下降了2.6个百分点。从增速看,这两个行业增加值的同比增速明显放缓,工业由2014年的6.2%下降至2018年的4.5%,批发和零售业由5.0%下降至0.6%。

二是城市副中心建设。北京城市副中心是北京新"两翼"中的一翼,是京津冀区域协同发展示范区。北京市出台了加强城市副中心政策集成创新意见,土地集约利用、投融资改革、产业发展等体制机制创新取得新突破。副中心城市框架稳步拉开,235项重大工程全面推进,在施129项、竣工37项,完成投资755亿元。行政办公区一期工程全面竣工,第一批市级机关正式入驻。北京五中通州校区落成,友谊医院通州院区开诊。宋梁路改扩建项目完工,通怀路一期工程开工建设。城市绿心完成1000亩绿化工程并基本确定剧院、图书馆和博物馆建筑设计方案,城市副中心站一体化设计方案和建设机制加快完善,运河国际商务中心建设完工,环球主题公园主体工程开工建设。①。2014年以来,通州区地区生产总值、社会消费品零售总额等主要经济

---

① 《关于北京市2018年国民经济和社会发展计划执行情况与2019年国民经济和社会发展计划的报告》。

指标快速增长。2014～2018 年，地区生产总值由 560.9 亿元增加至 832.4 亿元，社会消费品零售总额由 323.2 亿元增加至 439.8 亿元，两项指标的增速始终高于北京市平均水平，以 2018 年为例，两项指标的增速分别为 7.5%、5.0%，分别高于北京市平均水平（6.6%、2.7%）0.9 个、2.3 个百分点。产业结构出现明显调整，2015 年第三产业增加值占比首次超过第二产业，2018 年三次产业结构为 1.9：45.9：52.2。同时，城市副中心以高质量高水平的产业作为发展的重要支点，实施以商务服务、文化旅游带动三产，以高科技、创新型企业带动二产，以园区农业、数字农业带动一产的产业优化措施；截至 2018 年 12 月，储备重点高精尖产业项目近 100 个，一批投资 10 亿元以上的重大项目正加快落地推进。城市副中心已日益成为京津冀区域新的增长极。

三是重点领域的率先突破。（1）构建一体化交通网络。交通一体化是京津冀协同发展的骨骼系统和先行领域，是有序疏解北京非首都功能的基本前提。旨在打造"以轨道交通为骨干的多节点、网格状、全覆盖的交通网络"，京津冀出台了《京津冀协同发展交通一体化规划》《京津冀地区城际铁路网规划修编方案（2015 年 - 2030 年）》等政策，有效推动了京津冀交通一体化建设。京津冀已基本形成了由航空、铁路、港口、公路等多种运输方式构成的综合交通运输体系。在航空方面，截至 2018 年 10 月，京津冀共有 9 个运输机场投入使用；大兴国际机场加快建设，预计 2019 年 9 月 30 日正式通航。在铁路方面，京沪、京广、石太、石济、津秦等高铁线路相继开通，京雄、京滨等城际铁路建设稳步推进，据不完全统计，京津冀区域内已形成以 36 个高铁车站为支撑的"1 小时、半小时"高速铁路网、工作生活交通圈。在公路方面，实施京津冀交通一体化工作以来，京津冀三地互联互通公路项目建设持续推进，三地交通部门联合签署了承平高速、新机场北线高速东西延、延崇高速、国道 109 新线高速、京雄高速、新机场南北航站楼联络线高速等 7 条高速公路接线协议，以及良常路（房山区—涿州市）、G105（大兴区—广阳区）、觅西路（通州区—武清区）、大镇路（门头沟区—怀来县）、斋幽路（门头沟区—怀来县）5 条普通公路项目的接线协议，联手打通的"对接路"总里程超过 1600 公里。在公共交通方面，京津冀交通一卡通互联互通得以实现。2015 年北京率先在 139 条试点公交线路上实现京津冀一卡通互联互通；2016 年底覆盖市区全部 876 条公交线路及郊区 122 条公交线路；2017 年 8 月在轨道交通机场线开展试点基础上，启动轨道交通全网 14000 余套设备的技术改造。随着北京地区 3 条轨道新线的开通，市轨道交通京津冀交通一卡通互联互通同步启动，一卡通覆盖北京市区全部公交线路和轨道交通线路，公共交通基本实现与京津冀区域内接入省级平台城市的互联互通，初步形成"一卡走遍京津冀"的出行模式，北京累计发卡 66 万余张。在港口方面，天津港、秦皇岛港、唐山港、黄骅港、曹妃甸港等五港组成的沿海港口群已成为我国最重要的能源输出基地和区域对外贸易窗口。（2）生态环境协同治理。生态文明建设是有序疏解北京非首都功能、推动京津冀协同发展的重要基础和重点工作。京津冀在大气污染联防联控、水体污染综合治理等生态建设领域出台了《京津冀协同发展生态环境保护规划》《京津冀及周边地区大气污染防治中长期规划》《京津冀水污染突发事件联防联控机制合作协议》等政策，有效推动了生态文明建设并取得了积极成效。一是大气环境质量明显改善。三地深入实施《京津冀及周边地区 2017 年大气污染防治工作方案》《京津冀及周边地区 2017—2018 年秋冬季大气污染综合治理攻坚行动方案》，结合区域实际情况，有针对性地布置了"散乱污"治理、散煤治理、燃煤锅炉治理、工业企业无组织排放管理、移动源管控、错峰生产等大气污染防治重点任务。以开展钢铁、建材等重点行业秋冬季错峰生产为例，2017～2018 年秋冬季期间，京津冀及周边地区共组织 1.3 万家企业实施错峰生产，据测算减排二氧化硫约 11 万吨、氮氧化物约 25 万吨、烟粉尘约 10 万吨、挥发性有机物 7 万吨，有效缓解了秋冬季重污染程度，达到重污染天气过程"缩时削峰"的效果。在这些行动的推动下，京津冀大气环境质量明显改善，以 PM2.5 为例，2014～2018 年北京市、天津市、河北省 PM2.5 年均浓度值持续下降，北京市由 86 微克/立方米下降至 51 微克/立方米，天津市由 83 微克/立方米下降至 52 微克/立方米，河北省由 95 微克/立方米下降至 56 微克/立方米。二是水体质量得到改善。为加强三地突发环境事件协同处置能力，减少跨区域突发环境事件的发生，2014 年北京市环保局、天津市环保局、河北省环保厅联合签署了《京津冀水污染突发事件联防联控机制合作协议》，建立了京津冀水污染突发事件联防联控机制并成立了京津冀联防联控工作协调小组；共同制定并实施了《京津冀区域 2017 年水污染防治工作方案》《2018 年京津冀水污染突发事件联防联控工作方案》，有效地推进了京津冀水污染治理工作。2014～2017 年北京市优良水体比例由 24% 增加到 56%，劣 V 类水体比例由 52% 下降到 20%；地表水体监测断面高锰酸盐指数、氨氮年均浓度值分别由 8.05 毫克/升下降至 4.91 毫克/升、由 5.94 毫克/升下降至 0.98 毫克/升。2018 年天津市 20 个国家考核断面中，优良水体比例为 40%，较 2014 年上升 15 个百分点；劣 V 类比例为 25%，较 2014 年下降 40 个百分点。2018 年河北省纳入国家考核的 74 个地表水断面中，水质优良比例为 48.6%，较 2017 年提高 2.7 个百分点；劣 V 类水体比例为 20.3%，较 2017 年下降了 13.5 个百分点。三是产业绿色化、低碳化趋势明显。2014 年以来，京津冀三地继续通过深化供给侧结构性改革、结构升级和新旧动能转换、提高清洁能源使用比例等措施，加快淘汰落后产能，促进绿色低碳产业发展，进一步提升资源能源使用效率。2018 年北京、天津、河北单位生产总值能耗分别比 2014 年下降 17.5%、21.5% 和 19.1%。（3）产业协作。产业转型升级是有序疏解北京非首都功能、推动京津冀协同发展的实体内容和关键支撑。面对人口红利的消失和生态环境恶化的"倒逼"，以及实现经济发展提质增效和顺应高质量发展的需要，北京提出"腾笼换鸟"战略和打造高精尖经济体系、天津强调做优先进制造业和提升服务业占比、河北积极承接非首都功能疏解和实施重化工业领域去产能等，有效推动了区域产业的转型升级和提质增效。一是第三产业已成为经济发展的重要支撑。第三产业对地区生产总值的拉动作用显著。2014～2018年，北京市第三产业贡献率由78.2%提升至87.9%，提高了9.7个百分点；天津市由46.2%提升至87.2%，提高了41.0个百分点；河北省由51.6%提升至65.5%，提高了13.9个百分点。二是生产性服务业发展活力充足。从新设企业注册资本来看，京津冀科学研究和技术服务业、租赁和商务服务业、批发和零售业、金融业等生产性服务业的新设企业注册资本明显高于其他行业，2018年科学研究和技术服务业的新设企业注册资本为11114.4亿元，是各行业平均值（2326.0亿元）的4.8倍；租赁和商务服务业为7474.8亿元，是各行业平均值的3.2倍；批发和零售业为5502.8亿元，是各行业平均值的2.4倍；金融业为5051.5亿元，是各行业平均值的2.1倍。从各行业新设企业注册资本占京津冀新设企业注册资本的比重来看，2014年以来，科学研究和技术服务业新设企业注册资本占京津冀新设企业注册资本的比重呈明显的逐年增加趋势，由2014年的12.5%提高至2018年的23.9%，提高了11.4个百分点。三是高技术产业快速发展。2014～2018年北京市规模以上高技术制造业工业总产值占规模以上工业总产值的比重由19.0%提高至23.8%，提高了4.8个百分点。2018年天津市高技术产业增加值实现了4.4%的同比增长，占规模以上工业增加值的比重为13.3%。2014～2018年河北省高新技术产业增加值由1540.4亿元增加至2758.6亿元，占规模以上工业增加值的比重由13.1%提高至19.5%；固定资产投资中的高新技术产业投资由3169.6亿元增加至5678.4亿元，占固定资产投资的比重保持在10%以上。

四是协同创新打造京津冀创新驱动经济增长新引擎。创新驱动是有序疏解北京非首都功能、推动京津冀高质量发展的战略选择和根本动力。旨在推动形成协同创新共同体、健全区域创新体系、打造创新发展战略新高地，京津冀达成了《关于共同推进京津冀协同创新共同体建设合作协议（2018－2020年)》《京津冀协同创新发展战略研究和基础研究合作框架协议》等协议，区域创新发展新格局逐步形成。北京市着力提升原始创新和技术服务能力，日益成为技术创新总部聚集地、科技成果交易核心区、全球高端创新中心及创新型人才聚集中心；天津市以打造产业创新中心、高水平现代化制造业研发转化基地和科技型中小企业创新创业示范区为抓手，应用研究与工程化技术研发转换能力得到提升；河北省以建设科技成果孵化转化中心、重点产业技术研发基地、科技支撑产业结构调整和转型升级试验区为目标，科技创新成果应用和示范推广能力日趋强化。从投入环节来看，北京偏重基础研究和应用研究环节，津冀偏重试验发展环节。在经费投入方面，2017年北京市基础研究、应用研究两个环节的 R&D 经费内部支出占比达 37.6%，高于天津市（22.4%）、河北省（10.7%）这两个环节的 R&D 经费占比 15.2 个、26.9 个百分点；天津市、河北省试验发展环节的 R&D 经费占比分别为 77.6%、89.3%，明显高于北京市。在人力投入方面，北京市基础研究、应用研究两个环节的 R&D 人员折合全时当量占比达 43.7%，高于天津市（22.9%）、河北省（18.9%）20.8 个、24.8 个百分点；天津市、河北省试验发展环节的 R&D 人员折合全时当量占分别为 77.1%、81.1%，明显高于北京市。从产出环节来看，北京创新成果侧重知识创新和原始创新、津冀更侧重应用环节的创新。2018 年北京发明专利授权数占比达 38.8%，高于津冀两地 29.1 个、29.2 个百分点，而津冀两地实用新型、外观设计两种专利授权数占比分别为 86.0%、86.1%，明显高于北京。创新发展具备经费、人力双保障。创新经费投入逐年增加，创新投入强度基本稳定。2014～2017年，京津冀 R&D 经费内部支出由 2046.7 万元增加至 2490.5 万元，年均增长率为 6.7%。北京市 R&D 经费投入强度保持在 5.8% 左右，2017 年为 5.64%；天津市保持在 2.9% 左右，2017 年为 2.47%；河北省保持在 1.2% 左右，2017 年为 1.33%。科技人力投入稳步增长。2014～2017 年，京津冀 R&D 人员折合全时当量由 45.9 万人年增加至 48.6 万人年，年均增长率为 1.9%。从京津冀三地来看，京冀两地有所提升，北京市 R&D 人员折合全时当量由 24.5 万人年增加至 27.0 万人年，年均增长率为 3.2%，河北省由 10.1 万人年增加至 11.3 万人年，年均增长率为 3.7%；天津市略有下降，由 11.3 万人年下降至 10.3 万人年。创新产出实现数量、质量双提升。创新产出逐年增加。2014～2018 年，京津冀国内三种专利申请授权数由 12.1 万件增加至 23.0 万件，年均增长率为 17.4%。从京津冀三地来看，北京市国内三种专利申请授权数由 7.5 万件增加至 12.3 万件，年均增长率为 13.2%；天津市由 2.6 万件增加至 5.5 万件，年均增长率为 20.6%；河北省由 2.0 万件增加至 5.2 万件，年均增长率为 27.0%，增速明显高于京津两地。创新产出质量明显提升。2014～2017 年，京津冀发明专利数占国内三种专利申请授权数的比重逐年增加，由 23.8% 上升至 31.9%，提高了 7.1 个百分点。从京津冀三地来看，北京市发明专利占比由 31.1% 提高至 43.1%，增加了 12.0 个百分点；天津市由 12.4% 提高至 14.0%，增加了 1.6 个百分点；河北省由 11.4% 提高至 13.9%，增加了 2.5 个百分点。创新共同体建设加快推进。以科技创新园区链为骨干、以多个创新社区为支撑的协同创新共同体在"4＋N"重点区域初步形成。京津冀协同创新共同体建设的总体思路为：主要围绕"三轴"（京津发展轴、京保石发展轴、京唐秦发展轴）和"4＋N"（4 是指曹妃甸区、新机场临空经济区、张承生态功能区、滨海新区 4 个战略合作区主体，N 是指其他合作区域）疏解北京非首都功能承接平台重点布局。京津冀协同发展以来，已形成"政策互动、资源共享、市场开放"三大协同创新机制，已搭建"创新资源、创新攻关、创新成果"三大协同创新平台，已实施推动"高端产业培育、传统产业提升、生态安全、服务民生"四项协同创新工程。创新券区域合作机制逐步确立。2014～2017年，北京投入1.4亿元创新券资金，支持了2115家小微企业和111家创业团队，合作开展了2402个创新券项目。2018年8月，北京、天津和河北共同签署《京津冀创新券合作协议》，标志着三地创新券互通互认的正式开始。协议签署后，京津冀三地形成了共同认可的、为社会提供开放共享的科技服务，例如，重点实验室和工程技术中心将作为接收异地创新券合作"实验室"。三地按条件遴选本区域的科技服务资源，形成开放实验室目录，三方互认并纳入各自的目录库，首批753家实验室已面向三地的小微企业和创新团队开放共享。其中：北京427家、天津238家、河北88家。2018年上半年，北京已有626家小微企业和创业团队申请4700多万元的创新券，接近年度安排预算的80%，其中有近2600万元已经成功使用，涉及335家小微企业和创业团队。

五是全国科技创新中心建设。2016年北京市制定出台了《北京加强全国科技创新中心建设重点任务实施方案（2017－2020年）》，将北京建设全国科技创新中心的重点任务进行了细化，建立了科技创新中心目标监测评价体系，部署了6大方面、18项具有全局性、战略性和带动作用的重大任务，确定了2017年重点推进的88项任务和127个项目。同年，北京市还出台了一系列探索全面创新的长效机制的措施办法。如针对科研项目和经费管理方面，印发了《北京市进一步完善财政科研项目和经费管理的若干政策措施》；针对建设科技条件平台，出台了《北京市人民政府办公厅关于加强首都科技条件平台建设进一步促进重大科研基础设施和大型科研仪器向社会开放的实施意见》；针对科技成果转化领域，印发了《北京市促进科技成果转移转化行动方案》等。

# 二 天津市关注和研究的热点与重点问题

天津从 20 世纪 80 年代中期开始研究京津冀协同发展问题。1983 年中共中央、国务院召开的沿海部分城市座谈会确定了进一步开放由北至南 14 个沿海港口城市，其中有 5 个位于环渤海区域，从此，天津开始关注环渤海地区的发展，重点解决北京、天津、河北的关系问题。天津对于京津冀区域协同发展问题的研究分为四个阶段。

**1. 扩大开放与理论探索阶段（1985～1993 年）——以环渤海开发开放研究为重点**

20 世纪 80 年代的天津关于京津冀问题的研究主要以环渤海地区的开发开放为基础、以环渤海地区经济合作为形式、以物资协作和行业联合为突破口，通过成立常设机构建立各种市场与网络，并进行了官、产、学、研四个领域的研究。

官：1986 年天津联合环渤海地区的十四个沿海市地，发起成立了区域性经济合作组织——环渤海地区区域合作市长联席会。在首次会议中确定了"联合起来，振兴渤海，服务全国，走向世界"的工作方针和推动区域经济发展的工作任务，并推举天津为主任城市。市长联谊会主要以务虚为主，天津市联合环渤海相关部门积极发起和组织了环渤海地区技术、人才、商业、环保、旅游、信息等十五个跨地区、跨所有制的行业性协作网络。

产：1987 年我国开始修建第一条利用世界银行贷款建设的跨省市高速公路——京津塘高速公路，成为北京、天津、河北主要的陆路交通网络和京津冀地区对外开放的大通道。围绕京津塘高速公路，穿越京津冀，逐渐形成了京津塘高新技术产业带，沿线集聚多个科技园区和各类开发区，三地共同打造高新技术产业链的发展。

学：1985 年天津市环渤海研究会成立，开始对环渤海地区经济发

展、京津冀联合、港口城市建设、环渤海城市的开发开放等实际问题
开展调查研究，并对环渤海地区经济发展的重要理论进行学术交流，
以促进天津和环渤海地区经济发展与繁荣，研究会成立初期举办了
《环渤海经济圈理论研讨会》《环渤海地区五个开放城市联络员会议》
《环渤海地区经济联合市长（专员）联席会第一次会议》《环渤海地区
经济研究会首届年会》等一系列大型工作和学术年会。

研：1987 年天津市信息中心主办《环渤海经济瞭望》，由中国黄
金海岸——环渤海地区天津等近三十个城市共同协办，作为环渤海地
区唯一公开发行的区域性经济期刊，主要围绕环渤海区域发展这一主
题进行研究，增强环渤海区域经济信息沟通、交流与协作，在环渤海
地区经济发展中扮演着不可或缺的角色。

**2. 战略调整与深化研究阶段（1994～2005 年）——以工业战略东
移、加快天津发展为研究重点**

从这一阶段开始，天津对于京津冀的研究从"官产学研"多领域
合作转向对天津工业战略东移以及加快天津建设的研究，区域合作走
向实质性阶段。天津工业战略东移后，滨海新区逐步成为环渤海地区
的产业核心，带动京津冀地区产业和技术的合作不断加强，区域统一
大市场开始建立，京津冀都市圈经济合作更加紧密。

1994 年天津市委市政府分析国内外发展情况，立足天津发展的实
际，深入研究并提出"三五八十"四大奋斗目标，即"三"——到
1997 年实现国内生产总值提前 3 年比 1980 年翻两番；"五"——用 5
至 7 年时间，基本完成市区成片危陋平房改造；"八"——用 8 年左右
时间，对国有大中型企业进行嫁接改造调整；"十"——用 10 年左右
时间，基本建成滨海新区。通过这一目标重点解决了城市经济综合实
力、人民生活水平、城市基础设施建设等急难问题，以"三五八十"
四大奋斗目标的实现为标志，天津步入了全国发展较快地区的行列，
经济和社会发展开始了历史性的转变。

1994 年天津做出了"十年基本建成滨海新区"的重大决定，以战略东移、发展外向型经济来带动新的发展，天津开发区是滨海新区最重要的经济功能区。十年建成滨海新区，是天津经济和社会发展的"战略东移"，滨海新区将充分发挥港口带动作用，在环渤海地区形成新的产业核心，打造中国北方的制造业中心。

1994 年 3 月，张立昌市长在天津市第十二届人民代表大会第二次会议所做的《政府工作报告》中，进一步阐明了滨海新区建设目标：要经过 10 年左右的开发建设，使新区国民生产总值和出口创汇都占到全市的 40% 以上。力争 10 年左右，把滨海新区建成以高科技、外向型为主导，重化工为基础，商贸金融协调发展的综合性新经济区。

1994 年，《天津市滨海新区城市总体规划（1994—2010）》制定了依托中心城区发展的思路，提出以塘沽地区（包括塘沽城区、天津经济技术开发区、天津港、天津港保税区）为中心，向汉沽城区、大港城区和海河下游工业区辐射，形成"一心三点"组合型城市布局结构。

1997 年国务院进一步明确了天津市城市定位为环渤海地区的经济中心，要努力建设成为现代化港口城市和我国北方重要的经济中心。新的定位首次明确了天津作为环渤海区域经济中心的作用，由原来的综合性的工业基地变成了环渤海地区的经济中心，同时由开放性多功能的经济中心转变为北方重要的经济中心。

2000 年，北京和天津机场实现了中国民航跨区域的机场首次联合。2002 年，北京与天津港口开始直通，两市实现了港口功能一体化。城际快速列车项目、高速复线建设加速了京津两地的同城感，为京津两核为中心的环渤海经济联手创造了有利条件。2003 年北京市海淀区与天津经济技术开发区签订了友好合作协议，标志着京津塘科技新干线开始启动。

2004 年，在国家发改委组织协调下，京津冀三省市就推进区域合作和发展达成了"廊坊共识"。京津冀一致同意启动京津冀区域发展总体规划和重点专项规划的编制工作，共同构建区域统一市场体系，消除壁垒，扩大相互开放，创造平等有序的竞争环境，推动生产要素的自由流动，促进产业合理分工。

2005 年天津市发展与改革委员会和天津市政府研究室主持了"天津在区域发展中的比较优势和发展战略研究课题"，课题主要研究了天津在京津冀区域发展中的产业基础、资源禀赋、功能定位上的比较优势，提出了天津在未来的发展方向。

**3. 快速发展与战略研究阶段（2006~2012 年）——以实施滨海新区国家战略为研究重点**

这一阶段的研究标志主要有两个，一是在国家"十一五"规划中，国务院正式批准将滨海新区纳入国家发展战略。滨海新区产业功能在京津冀发展中发挥重要作用，通过滨海新区的带动，产业核心由天津向外发散，形成了京津唐都市带，拉动整个京津冀区域经济的持续发展。二是在天津城市总体规划中，国务院首次明确了天津作为中国北方经济中心的作用，与北京进行错位发展。

2006 年，《天津滨海新区国民经济和社会发展"十一五"规划》确定滨海新区的功能定位是：依托京津冀、服务环渤海、辐射"三北"、面向东北亚，努力建设成为我国北方对外开放的门户、高水平的现代制造业和研发转化基地、北方国际航运中心和国际物流中心，逐步成为经济繁荣、社会和谐、环境优美的宜居生态型新城区。

2006 年，国务院在《天津市城市总体规划（2005—2020 年）》中提出作为环渤海地区经济中心的天津市，要以滨海新区的发展为重点，逐步建设成为国际港口城市、北方经济中心和生态城市，这是国家首次明确提出将天津建设成为我国北方的经济中心，这标志着天津开始在城市定位和功能上与北京进行错位发展，加强京、津、冀三地的产业关联。

2006 年 4 月 26 日，国务院召开常务会议，批准天津滨海新区进行综合配套改革试点。"十一五"时期，滨海新区成为继长江三角洲的上海浦东新区、珠江三角洲的深圳经济特区之后，中国区域经济的新增长极。

2008 年起，天津市滨海新区总投资超过 1.5 万亿元，加快推进南港工业区、临港工业区、核心城区、于家堡及响螺湾中心商务区、东疆保税港区、中新天津生态城、滨海旅游区、北塘区域、西部区域、中心渔港等十大工程，成为滨海新区新的经济增长点。进一步强化滨海新区在政策、资金、土地、市场、人才和服务方面的优势，提升滨海新区基础设施建设水平，形成有效的现代产业体系。

2009 年国务院正式批复同意天津市调整滨海新区行政区划，标志着滨海新区行政管理体制改革全面启动。国务院批复同意天津市调整部分行政区划，撤销天津市塘沽区、汉沽区、大港区，设立天津市滨海新区，以原三区的行政区域为滨海新区的行政区域。上述行政区划调整涉及的各类机构要按照"精简、统一、效能"的原则设置，加大区域资源整合力度，优化总体布局，促进区域经济社会协调健康发展。

2009 年《天津市空间发展战略》规划了根据天津市"双城双港"空间发展战略，滨海新区实施"一核双港、九区支撑、龙头带动"的发展策略。"一核"指滨海新区核心区，"双港"指天津港和天津南港；"九区支撑"是指通过先进制造业产业区、临空产业区、滨海高新技术产业开发区等九大产业功能区，打造天津八大优势产业；"龙头带动"指通过加快"一核双港九区"的开发建设，凸显滨海新区作为新的经济增长极的带动作用。

**4. 提升质量与协同创新阶段（2013 年以来）——建设"一基地三区"，走高质量发展之路**

2013 年 5 月习近平总书记到天津考察，提出打造新时期社会主义现代化京津"双城记"和推进京津冀协同发展的要求。

2018年6月19日，中共中央政治局常委、国务院副总理韩正在天津市调研京津冀协同发展工作时指出，天津要紧紧围绕有序疏解北京非首都功能这一核心任务，立足比较优势，把握好"一基地三区"功能定位，更好发挥高端引领和辐射带动作用，在推动京津冀协同发展中做出更大贡献。滨海新区发展基础雄厚、条件优越，要在有序疏解北京非首都功能中发挥独特作用，积极承接符合国家发展需要和有竞争力的转移产业，着力打造全国先进制造研发基地及生产性服务业集聚区。天津港是京津冀重要出海港口，要瞄准国际一流水准，进一步降费提效，降低进出口企业成本，打造具有国际竞争力的优良港口。天津自贸试验区要找准定位，勇于先行先试，形成更多可复制可推广的经验。

天津贯彻习近平总书记推进京津冀协同发展的重要要求，主要做了七个方面的工作。

一是建立健全合作机制。与北京、河北签订了战略合作协议。成立了双边合作领导小组，建立了落实协议责任机制、对口部门工作衔接机制、市和区县工作联动机制等，初步形成了高层互访推动、部门协调组织、企业落实合作的工作格局，为推进京津冀协同发展打下了体制机制基础。天津与北京、河北多次进行对口衔接，努力推进港口物流、水资源保护、金融、科技研发等合作。

二是积极参与国家有关区域发展规划编制。结合发挥比较优势，突出国际港口城市、北方经济中心和生态城市的定位，突出北方对外开放门户、北方国际航运和物流中心的功能，突出综合配套改革示范带动作用，深化金融改革创新，增强金融运营实力，更好地与京冀分工合作，优势互补，提升天津为北京和区域服务的水平，提出天津市融入京津冀协同发展的重大诉求和与北京、河北开展深度务实合作的具体内容。

三是不断完善交通设施。基础设施加快互联互通。加快推进津秦客运专线、津保铁路、京秦高速天津段建设，于家堡车站的建成，使北京到滨海新区45分钟即可到达，津秦高铁的开通运营，连接了南北高铁网络；京唐、京滨铁路提速建设，天津至北京大兴国际机场联络线前期工作启动，天津机场T3航站楼与京滨铁路机场站开展一体化设计；京秦高速冀津连接线开通，津石高速天津东段开工，北京牌照小客车在津早晚高峰限行规定取消；天津港大港港区10万吨级航道通航，天津港与曹妃甸港首条环渤海内支线开通；天津航空口岸大通关基地开工建设，天津国际邮轮母港至首都机场开通旅客直通车。目前，围绕形成京津"一小时通勤圈"、京津冀各主要城市间"两小时交通圈"，推进基础设施互联互通，初步形成了由京津城际、津秦客运专线和一批高速公路构成的交通网络。

四是推进公共服务的共建共享。积极探索社保、养老、医疗、教育、公交等民生领域的合作，使互相投资、人员往来更加便捷。加快建设京津冀智能交通网络，推进京津"一卡通"互联互通，实现在公交、地铁、轻轨、出租车领域，以及京津城际列车进出站刷卡支付；推进医疗保险、养老保险方面的务实合作，研究实行医疗保险异地结算，职工养老保险互联，居民养老保险互通，逐步形成京津公共服务的协同管理机制；积极承接北京医疗机构、高校、科研院所向天津转移。

五是积极推进产业承接与合作。高质量建设"1+16"的产业承接平台，"1"包括天津滨海中关村科技园等综合承载平台，"16"是指未来科技城京津合作示范区、宝坻京津中关村科技园、通武廊小京津冀示范区等重点承接平台。与北京、河北在高端制造业、金融、商贸、港口物流等方面进行对接。要积极承接北京的新一代信息技术、节能环保、新能源新材料、航空航天、电子商务等战略性新兴产业和高新技术产业转移；以京津塘科技新干线为纽带，以沿线园区为节点，共同打造京津冀创新共同体，推动三地创新链深度融合。天津与北京共同规划建设了京津合作示范区，滨海高新区与北京中关村签署了全面合作协议，成功吸纳了中关村多个转移项目，引进在京国际国内500强企业总部来津设立分支机构。2018年，北京企业在津投资到位额1138.09亿元，占引进内资的42.8%。国家会展中心项目启动建设；中交建京津冀区域总部、中国核工业大学等一批项目签约。加快重点载体建设，滨海中关村科技园累计注册企业941家，中国（滨海新区）知识产权保护中心等优质项目落户；宝坻京津中关村科技城协同发展中心启动建设，盟固利新能源等重点项目投产。主动服务雄安新区建设发展。津冀合作协议8方面事项加快落实，完善天津连接雄安新区的交通网络，制定天津港建设世界一流港口的意见，与河北省共同打造雄安新区出海口；职业教育、社会保险制度体系建设等领域合作加深，市一商校、市园林学校设立雄安新区分校，市职业大学启动雄安新区培训基地建设。

六是"一基地三区"定位加快落实。出台构建实现定位的项目化清单化支撑体系实施方案，实施战略招商行动，建立目标企业清单、在建项目清单、议定事项清单"三张清单"，首批126个重点项目和事项已完成69个，其余都在加快推进。全国先进制造研发基地建设全面展开。实施智能科技产业"1+10"行动计划和支持政策，出台"智造十条"等实施细则，举办第二届世界智能大会，天津设立了100亿元的智能制造财政专项资金，依托海河产业基金打造千亿级新一代人工智能科技产业基金和项目群、300亿元生物医药产业母基金群，紫光总部等一批智能科技项目签约落地，人工智能领域形成"天河一号"超算、曙光计算机、"银河麒麟"为代表的自主安全可控全产业链。2018年，先进制造产业产值占全市工业比重达到63.5%。北方国际航运核心区建设加快推进。天津港口岸降费提效治乱出清优化环境专项行动扎实开展，"一站式阳光价格"清单受益货物138万标准箱，减免费用

超 2.9 亿元，被国务院办公厅作为全国优化营商环境典型推广。天津
港大港港区 10 万吨级航道建成通航，2018 年天津港集装箱吞吐量达到
1600 万标准箱，同比增长 6.2%。天津货运航空有限公司通航运营，
2018 年天津滨海国际机场旅客吞吐量实现 2360 万人次，同比增长
12.3%。金融创新运营示范区建设全面展开。天津与工商银行等 13 家
金融总部机构签署战略合作协议，意向授信金额超万亿元。金融租赁
保持国内领先，资产总额占全国四分之一，飞机、国际航运船舶、海
工平台等跨境租赁业务总量占比均达到的 80% 以上。金融创新产品
138 个，融资租赁收取外币租金等 11 项在全国复制推广，租赁企业外
债便利化试点政策落地实施，跨境飞机、船舶和海工平台租赁业务占
全国总量的 80% 以上。改革开放先行区建设取得重要成果。承诺制、
标准化、智能化、便利化"一制三化"审批制度改革启动实施，营造
企业家创业发展良好的"天津八条"基本落实，推出"民营经济 19
条"等一系列政策措施。开辟京津冀三地迁移企业注册登记双向绿色
通道，推动三地行政许可事项"六统一"。京津冀（天津）检验检疫
综合改革试验区挂牌运营，京津冀科技创新券合作机制建立。"通武
廊"改革试验 60 项合作协议加快实施，人才互认互准有序推进。自贸
区深改方案 128 项任务加快落实，截至 2019 年 3 月底已完成 104 项，
占总量的 81%。深化国际交流合作，2018 年对"一带一路"沿线国家
投资增长 4 倍，进出口贸易增长 13.2%。

七是加强港口物流合作。推进大通关体系建设，实施 7×24 小时
通关服务，推进无纸化报关，在北京建设了朝阳、平谷 2 个无水港，
与河北合作建设的无水港达到 5 个（石家庄、保定、邢台、邯郸、张
家口）。天津港对经"无水港"的集装箱货物在收费、服务和技术支持
方面给予优惠政策。在空港合作方面，天津机场与北京南站已达成合
作协议，在北京南站建立"空铁联运"服务亭、在北京市建立直达天
津滨海国际机场的城市候机楼，近期即将投入运营。对京冀企业提供

便利化服务，在海港和空港实施费率优惠、作业优先、便捷通关，力求营造最好的发展环境。

八是推进生态环境联防联控。生态环保联防联控联治力度加大。在大气、水污染治理等方面京津冀三省市建立了区域交流协商机制，制定了《京津冀及周边地区落实大气污染防治行动计划实施细则》。出台2018~2019年秋冬季大气污染综合治理攻坚行动方案，稳妥推进压减燃煤、煤改电、煤改气工作，持续开展"散乱污"企业整治，深入实施重点行业提标改造，全面推行使用乙醇汽油。参与组建永定河流域治理投资公司，启动永定河综合治理与生态修复工程。从2014年起，天津实行小客车总量调控管理和机动车限行交通管理，还将提前实施汽车燃料国V标准，加快电动汽车的研发和应用步伐，大力减少机动车尾气排放。天津还投入1.16亿元，支持河北承德、唐山地区的污水和垃圾处理等项目建设，保护天津和河北共同饮用的滦河水。天津依法划定全市国土面积25%为永久性保护生态区域，改善环境，永续发展。

# 三　河北省关注和研究的热点与重点问题

环京津、环渤海是河北省最显著的区位特征，基于此，如何处理好与京津的关系，一直是确定河北省经济社会发展战略的主线。从新中国建立至改革开放的近30年中，在高度计划经济管理体制和阶级斗争为纲下，河北形成了自觉服务、服从北京需要的强烈意识，以北京为中心，服务好京津，成了不是战略的"战略"。1978年改革开放以来，河北率先提出在平等互利基础上与京津开展协作，直至实现一体化。随着理论研究的深入和实践的发展，河北省政府对自身在京津冀区域中的功能定位认识不断加深，对京津冀协作的关注重点、战略部署也更加趋于理性和务实。

## 1. 务虚研究阶段（1978~1991 年）——提出"环京津"战略

早在 1981 年 10 月，华北五省（市、区）就成立过全国最早的区域协作组织——华北地区经济技术协作会。之后又组建了环京经济协作区、环渤海地区经济联合市长联席会等横向联合形式，体现出了对条块分割、地区封锁的冲击。在此背景下，1986 年 6 月，河北省委省政府提出"环京津"战略，"把环京津地区作为我省的一个建设重点，使之率先成为全省经济发达地区"，同时提出了"依托京津、服务京津、共同发展"的思想。这是河北借力京津发展思想的开端。

"环京津"战略提出未及两年，便在 1988 年调整为"以城带乡、铁路与沿海两线展开"，1992 年又换成了"一线（秦唐沧沿海一线）两区（石家庄和廊坊为代表的冀中南和冀东）带多点（开发区）"。可见，河北在提出"环京津"战略之初是犹疑的，尽管在一定程度上期望环京津区位优势的发挥，但又对这一优势心存疑虑。

河北省计划经济委员会的刘大水、王丽萍（1991）对京津冀发展关系中的极化、扩散、联合三个方面做了全面客观的分析。首先，新中国成立以来京津二市高速度、大规模的发展建设，对于河北省产生了强烈的极化效应，使河北逐步成为两市的能源基地、工业原料基地、城市水源地、副食品供应基地、自然环境保护地及重要的产品销售市场。计划调拨、行政干预、不合理的比价、倾斜政策使得这种极化效应更为直接和强烈。改革开放以来，京津与周围地区长期形成的极化模式仍未有根本性改变，这种局面与社会主义商品经济的发展、新型地区关系的建立是不相适应的。其次，京津过度膨胀引起的扩散趋势。虽然京津二市"城市病"问题严重，集聚效益下降，构成了扩散的动因，但同时还有阻延产业扩散的因素在起作用，包括：产业结构的高度化还未达到应有的水平，财政分灶吃饭体制下的扩张冲动，等等。最后，作者指出应强化商品经济意识，提高与京津联合的积极性，制定合理的政策吸引京津的技术、人才、资金。

**2. 反思研究阶段（1992～2003 年）——将"两环开放带动"作为主体战略**

随着市场经济体制的确立和各省经济发展独立性的增强，河北理论界开始对"环京津"这一被动和从属的发展战略进行反思。河北师范学院的刘永瑞教授旗帜鲜明地提出河北必须转变"依托京津、服务京津"的从属跟进型战略，实施竞争与合作的环京津经济发展战略，同时积极实施环渤海外向型经济发展战略，以此参与国际分工，确立自主型发展战略。1992 年 3 月在河北省科协组织的专家献策团论坛上，刘永瑞首次在理论上提出"环渤海环京津开放带动"战略，并将其定位为带动全省走向亚太地区面向世界实施开放的战略思想，并与次年向省领导做了主题报告。

1992 年底，河北省政府首次提出"做好环渤海、环京津两篇大文章"的发展思想。1994 年河北省人大会上，"两环（环京津、环渤海）开放带动战略"被进一步明确化。1996 年发布的《河北省国民经济和社会发展"九五计划"及 2010 年远景目标纲要》，将"两环开放带动"战略作为全省经济社会发展的主体战略之一。2000 年 6 月河北省政府印发了《关于深入实施"两环开放带动"战略的意见》，要求进一步"推进冀京津区域经济一体化的形成和发展"。2001 年 2 月通过的《河北省国民经济和社会发展第十个五年计划纲要》提出"充分发挥环京津的区位优势，广泛开展与京津的合作，服务京津，发展河北"，"促进京津冀经济一体化发展"。与 80 年代的"环京津"战略相比，"两环开放带动"战略实现了由"一环"到"两环"的转变，表明河北省逐渐改变了由京津单向带动的思路，力图构筑起京津冀双向互动的经济新格局，而环渤海则成为一个突破口。

2001 年 10 月，吴良镛院士领衔编制的"京津冀北城乡地区空间发展规划研究"提出"大北京地区"概念，之后京津两市重新修编了城市总体规划。河北对此高度重视，时任河北省省长钮茂生率先给予原则肯定，并组织专家研讨，将河北的空间发展战略改为"大北京框架下的大三角战略"——保定、廊坊和唐山成为河北的重心，这实际上是对吴良镛方案的延伸。2002～2003年，原河北经贸大学教授、现任中央财经大学教授戴宏伟主持国家社科基金项目"'大北京'经济圈产业梯度转移与产业结构优化研究"，并出版《区域产业转移研究——以"大北京"经济圈为例》一书。遗憾的是，"大北京"战略未能落实。

2003年在环京津23个县（市、区）负责同志座谈会上，河北省省长季允石发表了《以我为主　接受辐射　发挥优势　加快发展》的讲话，指出与京津的合作要由单纯的服务型变为战略协作型。指出进一步推进"两环"区域经济发展的重点工作：一是加速第一产业结构调整，占领京津农副产品市场的制高点；二是制定优于京津的政策，以政策优势扭转人才外流的局面，接受京津技术辐射；三是充分利用京津的科研力量，加速河北省企业的改造升级。从此，"以我为主"成为河北的战略思想，借力京津只是手段。

"两环开放带动"战略体现了河北的特色，是河北影响最大、持续时间最长的发展战略。然而，这一战略基本上停留在概念层面，在具体合作的内涵、方式等方面并未取得实质性进展。2003年，由亚洲开发银行资助完成的《河北省经济发展战略研究报告》指出，河北开放创新意识不足，抑制了"两环开放带动"的推进；河北各地市对这一战略的认识也不足，有的地方官员把它简单理解为引进京津企业以及为京津提供农副产品；发展时机不到也是这一战略难以深化的重要原因。

这一时期，河北与京津之间的用水矛盾凸显。在80年代末的京津唐国土规划会议上，北京曾要求把燕化边上的张房水库的水资源划给北京，河北则提出了"以水联利"或曰"以资源换支持"的要求。

1996年，因为上游污染严重，官厅水库丧失饮用水供水功能，北京市居民生活用水出现危机。2001年《21世纪初期（2001～2005年）首都水资源可持续利用规划》经国务院批准后实施。自此，河北省特别是位于京津上游的张家口、承德市大力加强生态建设，全力确保京津用水。然而，由于资源环境保护责权利不对等，生态补偿不到位，河北为此承受了巨大的经济损失，丧失了诸多发展机会，这成为河北各界长期关注的一个热点问题。

**3. 深化研究阶段（2004年至2010年9月）——积极融入京津冀都市圈**

2004年2月，由国家发展和改革委员会主持的京津冀地区经济发展战略研讨会在廊坊召开，三省市政府签署《廊坊共识》，将区域经济合作正式定位为"京津冀一体化"。同年11月，国家发改委会同三省市政府共同编制京津冀都市圈区域发展规划，京津冀合作终于从务虚转为务实。2005年《中共河北省委关于制定十一五规划的建议》提出"充分发挥'两环'区位优势，积极融入和推动京津冀都市圈建设"。《河北省国民经济和社会发展第十一个五年规划纲要》把"积极融入京津冀一体化"作为经济发展的指导原则，并提出了加强区域间产业分工与协作，加强跨区域基础设施建设，加强生态环境建设与协作，与京津共建高新技术产业带等战略措施。

这一阶段河北省关注的热点和重点问题有如下几个：

（1）京津冀都市圈河北规划区发展战略

2004年河北省成立了"京津冀都市圈区域规划研究工作领导小组"，由省委常委、常务副省长郭庚茂任组长。2005年10月，课题组完成了"京津冀都市圈河北规划区加快发展战略研究"报告，来自中科院地理所、国家发改委宏观院的专家陆大道、樊杰、杨朝光、王一鸣等评审后认为，这份研究报告可以作为京津冀都市圈规划的重要基础。

　　该报告全面分析了河北规划区的区情特点、比较优势和限制因素,指出了河北规划区以资源型产业为主的产业发展及其结构特点,明确了河北规划区在京津冀都市圈中作为产业和城市的拓展空间、人口截留、生态安全保障、过境运输疏解以及服务等功能,阐述了规划区是大都市圈生态屏障和交通运输系统的重要组成部分。报告将河北规划区在大都市圈规划中的功能定位归纳为一个"后备空间"(京津冀都市圈经济社会发展的重要基础和城市拓展的后备空间),四个基地(中国北方国际性重要原材料和重型机械装备加工制造基地,国家粮食和绿色农副产品生产供应基地,京津冀都市圈二次能源基地,科技成果转化基地),两个区(环渤海乃至东北亚地区战略物资运输、储备和调配中心,国际旅游休闲度假区)和一个生态安全屏障。

　　报告用很大篇幅阐述了需协调解决的重大问题及建议,其中有关生态服务功能、水资源分配、重大基础设施区域性网络建设、城市布局与结构等,抓住了整个都市圈的重点问题。一是交通运输方面。提出河北四个已建港和在建港与天津港的关系需要在区域规划中协调、明确。航空方面,石家庄正定机场运营艰难,提出把首都机场的部分货运职能赋予石家庄正定机场,明确石家庄机场为首都机场的辅助机场,实现一体化管理和运营,适时在廊坊选址建设首都第二机场。二是城市协调发展方面。指出京津冀都市圈腹地城市弱小,没有形成真正意义上的都市群。建议控制首都城市规模,加快石家庄、唐山两个二级中心城市的发展,加快发展都市圈三级中心城市和中等城市,实施京津冀都市圈城市发展东移战略,强化京津一小时经济圈城市的发展。三是产业分工问题。指出京津冀至今没有形成合理的加工制造业分工和开发顺序,建议加强三方在产业技术层次、产业开发环节上的分工,强化都市圈产业的地域分工,建立完善统一规范有序的市场体系,加强农业和能源产业等基础产业分工,共同解决解决都市圈能源安全保障问题。

然而，"京津冀都市圈规划"横跨整个"十一五"也不见出台，成了"最难编制的区域规划"。

（2）京津冀合作领域拓宽

2006 年 10 月，京冀两地政府正式签署《关于加强经济与社会发展合作备忘录》，约定在交通基础设施建设、产业转移、水资源和生态环境保护、能源开发、旅游、农业、劳务、公共卫生等九个方面展开合作。2008 年 12 月，京冀就进一步深化经济社会发展合作签署会谈纪要。其后，又开展了多次领导互访、部门对接活动。2010 年 4 月 1 日至 7 月 10 日，河北省委、省政府组织开展了"发挥环京津区位优势，促进河北经济又好又快发展"百日调研活动。

这一时期，京津冀产业合作向服务业延伸。从 2006 年起，河北省体育局把建设"环京津体育健身休闲圈"作为重要工作进行部署，2007 年 8 月制订《"环京津体育健身休闲圈"发展规划》，2009 年 3 月制定下发《关于加快"环京津体育健身休闲圈"体育产业发展的意见》。2008 年 6 月，《河北环京津休闲旅游产业带发展规划（2008—2020）》通过论证，10 月，省政府印发《关于河北省环京津休闲旅游产业带发展规划的实施意见》。

（3）沿海经济隆起带建设启动

2006 年 11 月，中共河北省"七大"决定大力推进沿海地区开放开发，把"加快培育沿海经济隆起带"作为建设沿海经济社会发展强省的突破口和战略重点，将沿海经济发展带定位为京津城市功能扩展和产业转移的重要承接地。2007 年 1 月召开的河北省"两会"进一步决定"举全省之力建设唐山曹妃甸和黄骅综合大港"，并对沿海三市产业方向做了差异化布局。2009 年 11 月，胡春华领衔的河北省政府将《河北省秦唐沧地区发展纳入国家总体发展战略的请示》上报国务院。这是革命性的重大战略转向，标志着河北开始在环京津地区之外寻找新的经济增长极。

对于"环渤海地区港口重复建设、无序竞争"的观点，河北省官方人士表示反对，提出以天津港为龙头，以唐山、黄骅为辅助，共同打造一个枢纽港群，共同拉动华北、西北这一广阔腹地，实现双赢。

（4）环京津贫困带的提出与热议

2005 年，由亚行委托上海市政府发展研究中心、上海市社科院会同河北省财政厅、省发改委等部门联合调研，形成的中国首部省级经济社会发展战略报告——《河北省经济发展战略研究》，首次披露京津周边存在着一个由 32 个贫困县 3798 个贫困村组成的面积达 8.3 万平方公里、人口 272.6 万的贫困带。2006 年，李岚、高智、罗静等出版了《京津冀北区域经济发展和资源环境保护研究》一书。其后，环京津贫困带成为河北各界长期关注的热点和重点问题。

这一时期的代表性成果还有：河北省委党校课题组承担了 2004 年度国家社会科学基金特别委托项目《环首都贫困县发展及其与首都关系研究》，2005 年在《河北学刊》《农村经济》发表《环首都贫困县扶贫机制创新的路径》《环首都贫困县产业园区发展模式选择及政府职能》等论文。省委党校赵玉于 2006~2008 年在《红旗文稿》《经济问题探索》等期刊发表《环首都贫困县突破财政困境问题研究》《如何使扶贫机制更具实效——环首都贫困县扶贫机制创新研究》等论文，受到河北省扶贫开发领导小组办公室的肯定。

（5）生态建设和环境保护问题

2004 年 2 月，承德市市长景春华在《政府工作报告》中提出"加强与京津协作，由'以水联谊'向'以水联利'战略转变"，希望以此建立起水资源有偿使用的长效机制。"京津冀都市圈河北规划区发展战略研究"报告提出建立生态经济特别示范区构想。王岳森等的专著《京津水源涵养地水权制度及生态经济模式研究》（2008），提出了京津水源涵养区生态—市场经济模式发展框架。

（5）环京津高新技术产业带的谋划与批复

2009 年 6 月，《河北省环京津高新技术产业带发展规划》论证会在北京召开。2010 年 5 月底，科技部正式批准建设"河北环京津国家高新技术产业带"。将环首都高新技术产业带打造成河北省高新技术产业隆起带，在构建全省现代产业体系中发挥引领和先导作用，成为理论热点之一。

**4. 实操研究阶段（2010 年 10 月至 2013 年）——建设环首都绿色经济圈**

"十一五"时期以来，国家提出了以人为本、全面、协调、可持续的科学发展观，北京经济发展进入后工业化时代，对周边地区的辐射扩散效应日益明显，"环首都"日益成为河北省"环京津"战略的重点。

2010 年 10 月 22 日，河北省委省政府在三河市召开加快推进环首都经济圈建设工作会议。正式提出了加快建设环首都经济圈的战略部署。本次会议确定环首都经济圈的重点是"13 县 4 区 6 基地"。2010 年 11 月河北省委七届六次全会通过的《关于制定国民经济和社会发展第十二个五年规划的建议》把"加快建设环首都经济圈"列为第一个战略重点，并设定了五年发展目标。

河北省常务副省长赵勇在接受媒体采访时披露，环首都地区计划建设京东、京南、京北三座百万人口新城以及 7 个人口在 30 万人以上的中等规模城市，力争在 2~3 年内与北京实现"同城化"。2010 年 11 月出台《河北省环京津地区产业发展规划（2010—2015 年）》。2011 年 2 月，河北省邀请北京市规划委等部门的专家参加了河北省"环首都绿色经济圈总体规划评审会"。2011 年 1 月，河北省"加快环首都绿色经济圈产业发展协调工作办公室"（简称"环首办"）挂牌成立。2011 年 5 月，在廊坊国际经济贸易洽谈会上首次推出"环首都绿色经济圈"规划展。这一系列举措表明了河北省借力首都经济圈建设，进一步融入京津冀一体化的愿望。

这一阶段河北省关注的热点和重点问题有如下几个：

（1）以创新驱动绿色产业发展

2011年春节过后，河北省官方文件中将"环首都经济圈"加上了"绿色"二字，"绿色"成为"环首都经济圈"的旗帜和引领。省林业局编制了《河北省环首都绿色经济圈生态林业建设规划》（2011～2020年），以"环首办"名义印发。相关政策研究也围绕着打造绿色低碳理念下的科学发展示范区而展开。2010年1月省政府参事彭无忌等提交的《关于建设环首都现代绿色服务经济区构想》，得到省委书记张云川高度认可。2010年在河北省"两会"上，河北省政协常委武义青提交《关于构建环首都低碳经济带的建议案》，提出各市县应将环首都高新技术产业带、环京津休闲旅游产业带、首都上游饮用水源保护区等规划建设融为一体，打造低碳经济发展的平台和载体，将低碳产业和项目列为招商重点，被评为十届省政协100件优秀提案。

武义青、张云研究员的专著《环首都绿色经济圈：理念、前景与路径》于2011年8月出版。这是以环首都绿色经济圈为主题的第一本专著，也是围绕河北可持续发展所做咨询报告的一个成果总结。该书的酝酿早于环首都绿色经济圈战略的正式提出，成书几乎与战略规划的制定同步。它对环首都绿色经济圈战略的提出背景和演变脉络进行了细致梳理，基于"三生共赢"这一核心理念，从产业模式、城乡生活、生态圈建设三个方面对环首都圈的发展现状、存在问题与发展前景进行了全方位探讨。该书在出版前后的一年左右时间内，先后获得了全国政协副主席马培华，省领导刘永瑞、田向利、杨崇勇、龙庄伟、张杰辉等的肯定性批示，2012年荣获第十三届河北省社会科学优秀成果一等奖。

（2）环首都扶贫攻坚示范区建设启动

2011年12月印发的《中国农村扶贫开发纲要（2011—2020年）》

把燕山—太行山等 11 个连片特困地区作为新十年扶贫攻坚主战场。2012 年 3 月，时任河北省省委书记张庆黎提出"汇聚全省之力，加快打造环首都扶贫攻坚示范区"。2013 年 1 月，《燕山—太行山片区区域发展与扶贫攻坚规划（2011—2020 年）》获国务院正式批复。在纳入《规划》的 33 个县中，河北占了 22 个，规划区域与外界所说的"环首都贫困带"基本吻合，标志着中央开始着手解决"环首都贫困带"问题。2013 年 2 月 1 日，省委、省政府印发了《关于支持环首都扶贫攻坚示范区及阜平县加快发展的若干政策意见》，实施"七个一"帮扶举措，目标是推动示范区三年脱贫，阜平县五年脱贫，8 年建成小康社会。2013 年《河北省社科基金项目成果专报》重点篇目，登载了张云的《发展生态产业　打赢新一轮环首都扶贫攻坚战》、董全瑞的《环首都贫困县对扶贫政策的期待及调整对策》两篇报告。

（3）河北沿海地区发展上升为国家战略

2011 年 10 月，《河北沿海地区发展规划》获得国务院批复，并于 12 月 1 日由国家发改委和河北省政府正式公布。该规划的获批，表明河北更加旗帜鲜明地在"自主发展"和"环渤海"的战略方向上寻求突破。理论研究随之跟进。燕山大学刘邦凡主持 2012 年度国家社科基金项目《京津冀区域经济一体化战略与推进河北沿海地区发展对策研究》。齐晓丽、张贵发表了《京津冀区域一体化格局下河北省沿海经济带发展研究》[《河北工业大学学报》（社会科学版）2013 年第 1 期] 等论文。

2013 年 5 月，河北省委八届五次全会要求全力打好四大攻坚战，其中第一大攻坚战是全力打造沿海地区率先发展的增长极，第二大攻坚战是大力培育环京津地区新的发展增长极。可以看出，河北省意在推动"一圈"（环首都绿色经济圈）与"一带"（沿海经济带）两大战略的良性互动。

（4）百家央企进河北

2011 年 11 月，国务院国资委与河北省政府签署《合作备忘录》，

启动"百家央企走进河北"战略合作活动。河北省发改委专门成立了
"央企服务办公室",高志慧等撰写的《关于"央企入冀"的思考与建
议》(《河北学刊》2013 年第 5 期)、武义青《建立完善惠及驻冀央企
的服务体系》(《河北日报》2012 年 5 月 9 日) 等成果,得到省领导肯
定性批示。从 2011 年到 2013 年,百家央企在河北省投资共一万亿元,
几十个大项目,其中大多落在了沿海地区。这对贯彻落实国家打造首
都经济圈、加快河北沿海地区发展两大战略具有重要意义。

**5. 顶层设计阶段 (2014～2015 年) ——加强与京津的合作,承接
非首都功能和产业转移**

2014 年 2 月 26 日,习近平总书记专题听取京津冀协同发展工作汇
报,确定把京津冀协同发展上升为重大国家战略。河北省委省政府对
此高度重视,3 月 27 日召开全省推进京津冀协同发展工作会议,出台
《关于贯彻落实习近平总书记重要讲话精神加快推动京津冀协同发展的
意见》(征求意见稿)。《意见》指出,长期以来,河北环绕京津的独
特区位优势未能转化为加快发展的经济优势,最重要的原因是时机尚
未成熟。目前,京津尤其是北京对周边要素已由虹吸效应转向外溢辐
射,北京的功能疏解和产业转移业已启动。京津冀协同发展"是河北
面临的最大、最宝贵、最现实的机遇,再也不能错过"。会议指出,推
动京津冀协同发展的指导思想是"在协同发展中加快实现河北绿色崛
起",并提出了十个方面的重点工作,涉及城镇布局规划、产业转移平
台、第三产业对接、交通网络项目、大气污染防治、生态环境改善、
扶贫攻坚突破、政策对接研究、发展环境优化、社会治理对标等方面。
2014 年上半年,河北省政府将"环首办"更名为"河北省推进京津冀
协同发展工作领导小组办公室"(简称"京津冀协同办"),职能有所
增加,部门有所扩展,办公地址确定在燕郊。各地市也积极行动,如
承德市建立了唯一的地级市与北京市的沟通协调机制,已连续四年召
开京承合作协调小组工作会议,12 个方面 39 项重大事项纳入北京市

"十二五"规划。怀来县与北京延庆、昌平、门头沟实施"互派人才100名、学习锻炼100天"的"双百工程",并与延庆签约合作举办2014世界葡萄大会。

以京津冀协同发展为主题的专门研究机构应运而生。最早的是河北工业大学京津冀发展研究基地,2012年12月被河北省科技厅命名为第一批15个软科学研究基地之一。其后,由河北省社科联与省委党校共建的河北省环渤海区域发展研究基地,于2013年12月经省社科联批准成立。2013年12月,河北经贸大学环京津产业转型与绿色低碳发展协同创新中心被河北省教育厅认定为拟培育建设的省级协同创新中心,2014年4月更名为河北经贸大学京津冀一体化发展协同创新中心。同时,河北省政府加大对京津冀协同发展课题领域研究的支持力度。河北省委办公厅第四课题组对落实全省京津冀协同发展工作会议精神进行了调查,调研报告《加强顶层设计突破问题障碍创新京津冀协同发展的体制机制》发表在省委办公厅编印的《综合与调研(呈阅》2014年第2期)上。2014年5月,河北省协同办组织省委省政府决策咨询委员会委员开展了京津冀协同发展重大问题研究,分为7个课题进行研究,争取在国家规划框架思路中得到体现。2014年5月,河北省发改委公布了《"十三五"规划前期研究重大课题遴选公告》,其中关于京津冀协同发展有三项课题入选,分别为"'十三五'京津冀协同发展中战略性产业链选择与培育政策研究""'十三五'京津冀产业分工协作与产业转移研究""'十三五'推进京津冀协同发展的体制机制创新研究"。6月,在"河北省社会科学网//对策建议"栏目发表的15篇报告中,有9条与京津冀协同发展相关。由此,河北省各界对于京津冀协同发展的研究进入了前所未有的高潮阶段。

这一阶段,河北在推动京津冀协同发展中关注的热点和重点问题有如下几方面:

一是如何进行角色定位,借势京津冀协同发展。在"三地四方"

（京、津、冀、中央政府）的博弈格局中，河北作为经济和政治上最弱势的一方，怎样将服务京津与自我发展统一起来，是始终需要面对的重大问题。安树伟、肖金成（2015）指出，在京津冀协同发展中，河北并不仅仅是承接北京和天津的产业转移，而是承担支撑中国经济持续增长的新战略区、环渤海地区科学发展的核心区、京津冀协同发展的重点推进区、世界级都市圈的重要支撑区等功能，在京津冀协同发展中加快实现绿色崛起。

二是如何创新体制机制，保障协同发展。为实现京津冀协同发展必须打破"一亩三分地"的思维定式，部分学者认为重新调整行政区划以破除三地行政割据藩篱的方式过于激进，应通过建立和完善区域协调机制破除协同发展体制机制障碍。魏进平、刘鑫洋等（2014），赵鹏、姚永珍（2014）提出成立国家级协调领导机构、试行"区域考核评价"等建议。张彦台（2014）指出，河北要从体制机制建设入手，突破行政分割、市场壁垒的束缚，创新市场共建、利益共享、公共服务、工作推动机制，形成目标同向、措施一体、作用互补、利益相连的体制机制体系。

三是如何更好地承接京津产业和项目转移。2014年3月河北省推进京津冀协同发展工作会议提出，加强产业对接协作，以增量发展为重点，主动承接北京产业转移，形成分工合理、优势互补、良性互动、共赢发展的区域产业发展新格局。雷娜、耿树海（2014）指出，河北应抓住京津冀协同发展的重大机遇，结合自身产业基础及比较优势，充分利用京津优势资源和市场空间，加快农业发展方式转变和工业结构转型升级，提高服务业发展层次和水平，实现产业竞争力的整体提升。

河北承接产业转移注重打好"精准牌"，一是承接的产业项目集中在第三产业、现代农业、高新技术产业和先进制造业等领域。2014年4月，北京凌云医药化工公司整体从北京丰台迁至邯郸市武安工业区，成为中央提出疏解非首都核心功能后，首个由北京整体转移到河北的央企制造业项目。张家口市借力与北京联合申办冬奥会，重点打造以滑雪、地热疗养为特色的休闲旅游中心。二是积极推动创新体系对接。2014 年 5 月，中关村海淀园在全国的首家分园——秦皇岛分园挂牌运行，清华大学重大科技项目中试孵化基地也正式签约落户固安。7 月底，冀京签署《共同推进中关村与河北科技园区合作协议》。8 月 21日，北京市经信委与河北工信厅签订《关于张北云计算数据中心产业基地建设的战略合作框架协议》，张家口市政府、北京国电通公司、阿里云计算有限公司签署《关于张家口张北县数据中心战略合作框架协议》，在张北县共建云计算产业园，预计将牵引投资 1000 亿元。此外，2014 年 5 月"河北白洋淀科技城"建设获科技部支持，河北正在推动将其纳入国家京津冀协同发展相关规划。

针对承接京津产业承接中存在的"接不上""不想给""争不过""空间小"等突出问题，河北努力找准共赢点。一是与京津合办园区。河北省与京津两地签署了多份合作协议共同打造产业承接平台，包括《共同打造曹妃甸协同发展示范区框架协议》《共建北京新机场临空经济合作区协议》《共同推进物流业协同发展合作协议》《共同打造（涉县·天铁）循环经济产业示范区框架协议》等。河北省建设曹妃甸区、渤海新区、正定新区等 11 个省级重大承接平台，河北重点打造了曹妃甸协同发展示范区、石家庄国际高端生物医药产业基地、张家口可再生能源示范区、北京沧州生物医药园等一批优势产业集群。二是争取在河北产业承接集中地区（比如曹妃甸区、渤海新区等）享受北京中关村和天津滨海新区的优惠政策。三是完善对接机制。2013 年河北省工信厅与北京经信委签署《合作框架协议》，跟踪了解北京、天津制定的"负面清单"，摸清拟转移产业项目情况，绘制了北京产业转移地图。同时强化省内各市、各园区的统筹协调，避免同质化竞争。四是实施政策对接，清理不适应协同发展的地方法规和政策，减少政策落差。

四是调整空间结构、优化城市布局，加快自身城镇化水平。在京津冀周边规划建设几个人口在 300 万至 500 万的副中心城市，由国家推动把首都的物流基地、专业市场、高等院校、医院等社会公共服务机构以及国家和北京的行政事业机构转移到这些副中心城市。2014 年 3 月 27 日，河北省推进新型城镇化工作会议召开。2014 年 4 月印发《河北省委、省政府关于推进新型城镇化的意见》，以建设京津冀城市群为载体，对全省城市层级结构进行了合理划分定位。其中，要求保定、廊坊要充分发挥"首都功能疏解及生态建设的服务作用"，进一步强化"石家庄、唐山在京津冀区域中的两翼辐射带动功能"，在张家口、承德、秦皇岛培育发展首都特色功能城市，将三河、大厂、香河、固安等 15 个县市打造成为环首都卫星城。非首都功能疏解对河北不仅是机遇，也具有一定的挑战性。一是房地产投机致使环京津地区房价飞涨，经济发展的不确定性增强。二是北京人口疏解必然导致环首都各县特别是燕郊、固安、香河等地外来人口快速增长，公共服务供给压力及维稳压力大增，探索公共服务共建共享机制和社会管理联防机制势在必行。

五是推进京津冀生态环境支撑区建设，发挥好京津生态屏障功能。近期以大气污染防治为重点，长远以扩大森林、河湖、湿地面积和改善能源结构为重点，努力使河北的生态环境支撑起京津冀这个世界级城市群的发展。2009 年起，张承两市坝上 6 县 2 区被列入国家重点生态功能区转移支付范围，截至 2014 年已扩大到张承两市全部 27 个县（区）和衡水湖周边 3 个县（区），还积极争取将保定、邯郸等 6 个市的 31 个县（市、区）纳入国家生态功能区引导补助的范围。2014 年 6 月，北京市密云县、延庆县，天津市武清区，河北省承德市、张家口市等入选国家生态文明先行示范区建设名单（第一批）。此外，河北还在规划建设京津保生态过渡带，与首都第二机场建设相配合，在白洋淀进行大规模生态移民。保定 2013 年制定《沿太行山光伏规模化应用示范带发展规划》，旨在加快京津冀地区能源结构转型，为促进绿色低碳发展做出贡献。2015 年《京津冀协同发展规划纲要》将北京市山区、天津市山区及河北省张（家口）承（德）地区及其他山区规划为西北部生态涵养区，重点发展生态保障、水源涵养、旅游休闲、绿色产品供给等功能。2016 年 2 月为推进京津冀生态环境支撑区建设，河北省出台了《河北省建设京津冀环境支撑区规划（2016－2020 年）》。

六是大力推进基础设施互通共享，完善新型公共服务机制，促进京津冀基本公共服务一体化。河北省委省政府将"打造京津冀协同发展综合交通网络的支撑区"作为重大任务目标，省交通厅研究形成了相对成熟的京津冀交通一体化发展规划。对河北来说，交通一体化的目标，一是通过加快速度来缩短城际间的距离，让更多的河北城市纳入大北京一小时经济圈范围，用轻轨和地铁等公共交通使周边地区形成"半小时生活圈"。二是以产权融合方式加强津冀港口合作，使曹妃甸港区成为北京的重要海上通道。实现教育、医疗、社会保障等基本公共服务一体化，是确保北京非首都功能疏解的重要基础，也是最难攻克的堡垒。京津冀协同发展上升为国家战略后，河北提出创新公共服务保障机制，争取国家将京津冀地区作为全国户籍制度改革试点区域，并在环京津周边地区先行开展高等教育、社会保障、医疗卫生等方面的同城化试验。河北省委办公厅课题组（2014）提出推进公共服务一体化的"三步走"建议。

七是环首都贫困带的破解。京津冀三省市既有历史渊源深厚、地理上一体的自然属性，又有极强的经济互补性，其经济关系必然要由初级的松散"环绕"而跃升到紧密一体化的区域经济圈。早在 20 世纪 80 年代河北就提出了"环京津"战略，但基本上是一种简单的借助战略，未能实现依托京津、借助京津、发展河北的主体目标。90 年代升级为"两环开放带动战略"，之后的提法有过多次转换，但始终贯穿着一条线索，即从"服务京津、承接辐射"到"主动对接、错位发展"

转变，由一厢情愿到两相情愿，从配角经济到互利双赢的演进。孟祥林（2013、2014）提出通过"三Q+三C"模式的城市体系建设，让首都与环首都地区之间构建"软区划"实现融合发展，将环京津贫困带这个"破围脖"换成金项链。

**6. 全面推进阶段（2016年至今）——非首都功能疏解重点承载区建设（雄安、2+4+N）**

2017年4月1日，雄安新区设立，作为京津冀协同发展战略的重要组成部分，将带动京津冀世界级城市群的崛起和高水平协同发展。2018年4月，中共中央、国务院批复了《河北雄安新区规划纲要》，纲要指出，坚持世界眼光、国际标准、中国特色、高点定位，紧紧围绕打造北京非首都功能疏解集中承载地，创造"雄安质量"、成为新时代推动高质量发展的全国样板，培育现代化经济体系新引擎，建设高水平社会主义现代化城市，借鉴国际成功经验，汇聚全球顶尖人才，集思广益、深入论证，编制雄安新区规划。2018年12月，国务院正式批复《河北雄安新区总体规划（2018—2035年）》。2019年1月24日，《中共中央国务院关于支持河北雄安新区全面深化改革和扩大开放的指导意见》发布。由此，雄安新区顶层设计完成。2019年5月1日，河北省委书记王东峰主持召开雄安新区规划建设工作领导小组会议。会议强调，当前雄安新区已由规划编制转入实质性建设阶段，各项任务艰巨繁重，不容丝毫懈怠。要着力做好当前和今后重点工作，确保雄安新区规划建设开好局、起好步。2019年5月28日，国务院新闻办公室举行了"新时代'赶考'路上砥砺奋进的河北"新闻发布会。河北省委书记王东峰在会上表示，河北坚持以承接北京非首都功能疏解为重点，全力抓好雄安新区集中承载地和各市县承接平台建设，河北要全面落实"三区一基地"的功能定位，在对接京津、服务京津中加快发展自己。

这一阶段，河北省在推动京津冀协同发展中关注的热点和重点问题主要包括两个方面的内容。

（1）高标准建设雄安新区

按照打造贯彻落实新发展理念的创新发展示范区要求，精心抓好雄安新区规划落实。一是依托北京新机场和天津港、黄骅港，以及高速铁路、高速公路网络，构建立体式、现代化大交通格局。二是适时启动一批重点项目，推进京雄城际、荣乌新线、京雄高速公路建设，高质量实施造林绿化、白洋淀及上游环境综合整治等工程。三是深化住房、户籍、人才等制度改革，广泛吸引国内外优秀人才。四是制定支持政策，建立长期稳定的资金筹措机制。五是抓好新区及周边管控。六是集中承接北京非首都功能疏解，积极引进高端高新产业，促成一批医院、学校等优质公共资源入驻新区。叶振宇（2017）指出，雄安新区发展要实现与京、津及河北其他地区的高水平融合发展，下一步要从规划引导、产业转移协作、园区合作共建、基础设施网络互联互通、功能平台合作共享等方面探索可行的合作途径，同时也要在编制规划、对口援建、体制机制创新等方面采取必要的措施。

（2）推动协同发展向深度广度拓展

2014 年以来，河北共打通和拓宽"断头路""瓶颈路"1676 公里，唐曹铁路正式通车运营，京张铁路、津石高速等加快实施，曹妃甸一天津外贸内支线正式开通，初步形成了环首都一小时交通圈。此外，河北还积极引进京津创新资源，联手推动产业融合互补、共赢发展，与京津共建各类产业园区和产业基地 120 个，在张家口、承德、廊坊、秦皇岛、石家庄形成 5 个大数据产业基地。张北云联数据中心、润泽国际信息港，华为廊坊云计算基地等一批大数据中心投入运营，在营服务器达 30 多万台。自京津冀协同发展上升为国家重大发展战略以来，河北在参与协同发展中成效显著。

2018 年河北省政府工作报告指出，要制定新一轮重点领域三年滚动计划方案，力促在交通、生态环保、产业三个重点领域取得新突破。

一是制定实施全省现代化综合交通体系规划，推进北京新机场、张呼铁路、津石高速公路等项目建设，开工建设石衡高速公路，力争太行山高速公路建成通车。二是完善区域生态信息共享和补偿机制，抓好京津冀水源涵养林、永定河综合治理等生态工程。三是开展高端高新产业转移对接，推进廊坊京东电子商务、保定新发地物流园二期工程等重点项目。启动北京新机场临空经济区建设，支持曹妃甸区、渤海新区、正定新区、北戴河新区、衡水工业新区、冀南新区、邢东新区等重大战略平台精准定位、错位承接。四是支持北京城市副中心建设，推动廊坊北三县与北京通州规划整合。五是深化与京津在公共服务领域的共建共享，加快公共服务均等化进程。

全面推进京津冀协同发展的思路梳理

第四章

# 一 区域交通体系建设

## 1. 立足空间规划和整体布局，构建"综合网络状"的京津冀交通体系

魏后凯（2006）提出，环渤海区域内地区应着眼完善四个配套：即基础设施配套、生产配套、创业环境配套和生活条件配套。他着重提出京津冀地区要加快交通网络建设，建设 1 到 2 小时产业协作配套圈。冯玫（2011）指出，建设京津冀立体交通体系，形成快速、高效、安全、低成本的运输通道，不仅对区域经济发展有直接的推动作用，而且可以有效调整区域经济结构，促进产业链的紧密衔接。吴殿廷（2011）指出，京津冀区域铁路网整体规划现状和连接格局、联系水平等与各城市经济发展基本保持相关性和一致性。赵弘（2014）提出，首都经济圈应探索打破行政区划和部门界限，通盘考虑、统筹规划、共同推进区域重大基础设施建设和交通格局优化，构建以北京为中心，天津、石家庄、唐山、保定、张家口等城市为重要节点，高速公路、国道、铁路、城际高铁等多种交通形式并行，节点城市间高效联通的"综合网络状"交通格局，形成快捷、高效、安全的现代综合交通网络。周密（2016）指出，京津冀地区应以现有通道格局为基础，着眼于打造区域城镇发展主轴，促进城市间互联互通，推进"单中心放射状"通道格局向"四纵四横一环"网格化格局转变。杜彦良（2018）指出，实现交通一体化，应首先着眼于京津冀城市群整体规划和空间布局，充分考虑铁路网、公路网、港口群、机场群等功能的特征，完善交通枢纽功能，强调交通与经济相互适应，交通与环境相互协调，交通与社会相互促进，各种交通运输方式之间协调配合。在此基础上

构建网格状、大容量、低成本、智能化的现代综合交通体系，共同覆盖京津冀地级以上的城市、重要城镇和主要的产业园区，打造与京津之间高效、便捷、安全的"一小时经济圈"和"半小时通勤圈"。通过综合交通体系的建设，优化配置不同交通资源，支撑和引导京津冀地区的协同发展.

**2. 促进各类交通运输方式的有效衔接，提高区域交通服务效率**

孙久文（2006）指出，改变交通落后状况、构建综合性的网络化基础设施是实现区域经济增长趋同，达到一体化发展的前提和基础。肖金成（2007）指出，加快构建都市圈一体化交通网络体系，建设区域内城际铁路和高速公路网络，建立主要城市间的便捷通道，加快公路、铁路的改造，提高陆路运输能力；增加区域内飞行航线，建设支撑京津冀都市圈发展的空中走廊。蒋冰蕾、段进宇（2012）建议几个机场间如同一个大机场的不同航站楼，形成一个"分布式大机场"。航空枢纽应与地面快速交通紧密衔接，如首都第二机场可考虑建设"航空—高铁"一体化的综合枢纽。肖金成、曹宝奎（2014）认为应当促进天津港、秦皇岛港、唐山港、黄骅港的合作，加强港口后方铁路、公路、空运、水运建设，形成综合性、多功能的现代化交通运输体系。孙久文、袁倩（2014）指出，应当将交通基础设施建设作为京津冀协同发展的突破口，加快交通一体化建设进度，以服务三地为导向加快高速公路、高铁和城市轨道交通的建设与对接。赵弘（2014）则强调要注意加强各类型运输方式之间的有效衔接，例如北京新机场与高速公路、轨道交通之间的衔接，天津港、秦皇岛港、唐山港与高速公路、城际铁路之间的衔接等，使区域内人流、物流更加顺畅。王中和（2015）指出，逐步改变京津冀区域内公路、铁路、航空和海运等不同运输方式之间的沟通衔接，加快区域物资流通供应链平台建设，实现区域交通信息共享。对不同交通运输方式的场站、线路进行统筹规划，加强铁路、公路站场与航空港和海运港口之间的运输衔接，减少区域物资换装和人员流动的转场环节。杜延帅、吕红霞等（2016）指出，京津冀区域内各种交通工具间衔接不尽完善，还没有达到理想的无缝换乘目标，导致中心城市交通服务效率不高。促进京津冀一体化发展不仅应规划和建设与京津冀产业发展布局相协调，与京津冀交通功能相匹配的轨道交通网络，更应协调好城际铁路与城市其他交通方式的衔接，充分发挥京津冀城市交通枢纽功能。王兴举等（2016）提出，为更好地促进京津冀地区经济协同发展，应建立以北京、天津、石家庄3市为中心的路网格局，完善多层次的京津冀轨道交通体系，加强轨道交通与各种运输方式的衔接等，为实现京津冀区域一体化发展提供高效的交通基础设施系统支撑。欧阳杰、苏亚男（2018）结合京津冀城际铁路网规划方案及机场群轨道交通发展现状，提出了京津冀机场群空铁联运组织方案。提出了对京津冀地区机场群轨道交通衔接的优化建议：①实现京沈高铁与首都机场的间接衔接；②开通由唐山经天津北部新城站至天津机场的直达城际列车；③津承沧城际铁路衔接天津滨海机场。李攀科（2019）指出，对于京津冀城市群来说，完整的交通体系由不同种类、不同等级的轨道交通共同构成。

**3. 加强航空港、港口间的分工和协作，形成完善的航空港、海港体系**

蒋冰蕾、段进宇（2012）提出在国际航运中心方面，京津唐合作打造东北亚国际航运中心，其中北京主要承担航运国际旅游和高端服务业。蒋冰蕾、段进宇（2012）认为建设区域内国际机场群，联合形成首都地区的国际航空枢纽。区域内国际机场群可以包括北京首都机场和天津张贵庄机场，以及新建的北京新机场，远期可以引入新的国际机场，如秦皇岛机场。肖金成、曹宝奎（2014）认为应当加强航空港、港口之间的分工与协作，形成完善的航空港、海港体系。赵弘（2014）提出要建设规模、功能、布局合理的机场体系，加强区域内航空公司、机场间的合作，构建机场的合理分工体系。齐喆、吴殿廷（2015）指出，随着旅客观光、临港产业、临空产业以及基于大通关的现代物流的发展，迫切需要加强海港与空港的无缝对接，以加强海港与北京、石家庄等地内陆无水港之间的合作。

**4. 通过提升交通运输能源利用率和优化交通方式，促进绿色、低碳交通的实现**

郭秀锐、刘芳熙等（2017）指出，对于京津冀地区道路交通，应通过大力提高机动车的燃料经济性以实现节能减排效果；要大力推广新能源汽车，尤其是纯电动汽车和混合动力汽车，不断增大机动车中新能源汽车的比例；要加大对高排放车的管理，对黄标车实行限制转入、限制转出、强制报废等多项措施，加大高排放车的淘汰力度。同时，大力发展公共交通也是解决区域交通问题、改善城市空气质量的重要手段。马海涛、康雷（2017）指出，京津冀未来客运交通方式的选择、管治与调控还需加强研究，缓解对区域碳排放压力。李健等（2018）指出，京津冀应继续推动绿色、低碳交通的发展，大力优化交通结构，利用低耗能、低排放的轨道交通贯通三地。同时，促进共享单车健康、安全、有序发展，使共享单车成为短距离的代步工具。吕倩、高俊莲（2019）指出，京津冀要降低交通运输碳排放量，首先要提高交通运输资源利用效率，降低能源利用强度；其次，改变能源结构，加强清洁能源的合理利用；再次，大力推广公共交通，控制私家车数量。

## 二 生态环境共建共享

**1. 创新补偿方式，建立多元化生态补偿体系，实现生态建设与经济社会发展共赢**

马翰红、周立群（2012）指出，生态保护成为制约河北经济社会发展的重要因素，应当明确生态补偿的主体，按照"谁受益，谁补偿"的原则，由国家和京津共同出资用于生态补偿支付，参照国家对东西部对口支援的做法，规定京津在每年的财政收入中拿出固定比例建立统一的京津冀生态环境保护基金，用于河北生态建设；要提高生态补偿的标准，建立科学的生态补偿标准评估体系，实现生态补偿标准的动态化和综合化；要丰富生态补偿的方式，在税费减免，转移支付等传统方式的基础上，探索以培训代补偿，以工作代补偿，以投资代补偿，以合作代补偿，以市场代补偿等方式，使河北实现生态建设与经济社会发展的共赢。魏后凯（2014）认为推进京津冀协同发展，必须保护好耕地和生态环境，明确城市增长边界和生态红线，合理设置绿色隔离带，设立开发强度的高限和生态空间的底线，保持合理的生产空间、生活空间和生态空间比例。为此，必须加强生态价值的核算，完善自然资源资产产权制度，对水源保护地、重要生态功能区和耕地保护区等进行生态补偿。在此基础上，还应建立健全帮扶和协作机制，引导京津等发达地区采取多种途径对周边贫困落后地区给予帮扶和援助，实现共同富裕的目标。肖金成、曹宝奎（2013）认为，为改变承德、张家口和保定市这类都市圈水土保持和生态建设的重点区域的经济发展和生态治理不兼容问题，需要建立跨地区的生态和水资源补偿机制，通过提供强有力的政策支持和稳定的资金渠道，从法律、制度的角度对补偿行为予以规范化，从而实现张、承、保三市生态与经济的可持续发展。李惠茹、丁艳如（2017）指出，通过建立多元化的补偿体系，从根本上解决生态补偿不足的问题，在继续完善财政资金"输血型"的补偿方式、保证生态保护区生态环境保护积极性的基础上，实施产业等"造血型"的补偿方式，为长效生态补偿机制的建立提供基础。刘广明（2017）认为，京津冀生态补偿方式要实现多元化，既要实现"输血式"补偿与"造血式"补偿的有机结合，正确处理"造血"补偿与"输血"补偿的关系；又要实现政府补偿、市场补偿和社会补偿的无缝衔接。

**2. 建立健全跨区域生态保护机制，实现运行机制常态化、长期化**

一是设立生态补偿专项基金，科学核算制定合理的生态补偿标准。孙文生（2006）认为，应尽快建立京津冀生态环境整治补偿机制，加大生态环境整治与投入力度。国家应设立专项补偿基金，合理补偿在计划经济体制下形成的三省市水资源分配以及由此引发的移民、生态环境保护和防洪损失等问题。肖金成（2014）认为，京津两市政府财政每年可拿出一定数量的资金，整合京津冀地区目前现有各类补助资金，建立区域生态补偿专项基金，用于补偿河北省相关区域限制传统行业发展权益损失和高耗水农业发展权益损失、提高地表水环境质量标准经济损失、生态工程管护费用和自然保护区管护费用，以提供的水资源量和提供的生态服务为基础计算生态补偿数额。在补偿力度测算和机制设计中，要充分考虑政策因素、制度根源及该区位的特殊性，根据实际情况逐渐提高京津两市对冀北地区在植树造林、水资源输送等方面的补偿标准，使京津冀地区的横向生态补偿机制常态化、长期化。张贵、齐晓梦（2017）指出，生态补偿量化的重点和难点在于对生态建设区的恢复和改善所花费成本的量化。综合考虑公平性和可行性，以环境保育和生态建设地区为环境保护投入的成本以及发展机会成本作为补偿的基础，协调京津冀各方相关利益，确定一个合理的各方能够接受的补偿标准。同时加大效益补偿标准的研究扶持力度，逐步向根据生态服务订立补偿标准的方向过渡。与此同时，确定补偿分配系数。河北省为保护生态资源而投入的成本，应在受益区即京津冀之间进行合理分摊。京津冀省市按照各自获得生态效益的大小、支付意愿和支付能力等因素对资源保护成本进行分摊。

二是拓展生态补偿资金来源渠道，保证生态保护资金充沛供给

段铸、程颖慧（2016）认为，京津冀区域可以通过开征生态补偿税增加生态补偿类横向财政转移支付资金，根据生态保护地区成本及

生态受益水平征收"生态补偿累进税",对京津冀三地根据生态受益水平征收超额累进税,补偿保护生态而放弃经济发展的地区。另外,通过发行生态保护类横向财政转移支付彩票,拓展生态保护资金来源。完善当前实施的纵向生态补偿财政转移支付制度,建立京津冀生态补偿类横向转移支付的管理机制,引导民间投资进入生态补偿类横向财政转移支付领域。

三是健全多元主体参与机制,保障生态补偿的持续运行。武义青(2009)认为,在区域一体化基础上进行生态治理成为京津冀区域发展迫切要求。京津冀地区生态经济一体化要求组织机制的变革,既有行政模式转向区域公共管理模式,地方政府、中央政府、民间企业、非政府组织等主体均应发挥各自作用。王喆、周凌一(2015)认为,应从区域多元主体协同治理与区域府际协同治理两个路径着手,并提出建立区域环境污染联防联控机制、严格资源环境生态红线管控制度、健全多维长效跨域生态补偿机制、推广生态环境治理的市场化机制和完善政绩考核评价与责任追究制度等京津冀生态一体化发展的政策建议。王丽、宫宝利(2018)指出,京津冀区域生态空间协同治理面临生态资源本身的多样性和产权管理主体的多元性问题,这就需要多元参与,需要多主体、多机构、多部门相互联动;认为要想形成多元主体协同参与共建共治共享的生态治理格局,必须建立健全多元主体参与机制,并认为要健全多元参与机制:首先应当建立健全信息披露、信息沟通机制,真正做到生态资源管理事项、治理过程公开透明;其次应提高专家学者在生态空间协同治理上的话语权;再次重视和利用现代遥感技术,通过大数据驱动助力产业主导功能区的规划升级,监测资源动态变动情况,服务生态空间协同治理目标;最后应建立健全三地联动的生态责任审计、监督、问责、责任追究机制,确保绿色低碳和谐发展目标能够达成。李惠茹、丁艳如(2017)指出,目前京津冀区域生态补偿难以达到真正有利于促进生态环境保护、形成生态环境保护激励效果的主要原因是，未能按照公平、合理、有效原则，形成科学顺畅的生态补偿运行机制；应建立常态化的生态补偿执行平台和全面的监督体系，形成有组织的持续性生态补偿运行机制，以保障生态补偿的正常执行。乔花云、司林波（2017）指出，应构建以"共生责任目标确定、目标执行、目标改进"为中心的领导、协调机制，优化多主体参与、信息共享、绩效评估及问责机制，打造京津冀跨域生态环境对称性互惠共生治理模式的运行框架。

四是构建污染协同治理机制和环保基础设施共建机制。肖金成（2014）指出，应构建京津冀地区水污染、大气污染联防联控机制，推进京津冀跨界地区环境基础设施共建共享。赵弘（2014）提出，首都经济圈建设应以保护生态环境为重要前提，在落实大气污染联防联控等环保合作机制的基础上，建立健全跨区域的生态保护与环境治理机制，构建区域一体化的生态安全格局。

**3. 实行生态分区分级管理，全面推进京津冀区域生态协作**

李国平（2011）提出，应全面推进区域生态协作，实行生态分区分级管理，对大气、水污染进行分区控制，建立区域风沙防御体系。迟妍妍、许开鹏（2015）指出，以主体功能区规划等相关区划和规划为依据，基于京津冀地区生态环境功能综合评价结果，根据生态环境功能的空间分异规律，提出京津冀地区生态环境功能分区方案，将京津冀划分为自然生态保护区、生态功能调节区、农产品环境安全保障区、环境风险防范区和环境优化区五类环境功能区。杨杰（2016）指出，面对京津冀三省市生态环境污染状况，应构建京津冀生态环境治理的层级体系，针对以煤为主的能源结构持续恶化造成的污染、企业生产加工造成的污染、农村种植养殖造成的污染、机动车尾气排放造成的污染，进行必要的梳理和排队，并依据其难易程度进行强制性的规范和治理。王晶晶等（2017）认为，应将京津冀地区划分为生态保护红线区、生态功能保障区和生态防护修复区，根据各区特征和问题，明确不同区域的生态保护目标与对策。

**4. 倡导资源节约型生产创新模式，培育生态友好型产业支撑体系**

周立群（2007）指出，都市圈生态与经济的统筹与协调，是衡量该区域发展的一个重要内容，也是该区域发展战略的重要内容。在发展模式上应着眼于整个都市圈的生态联系与生态保护的协同性、生态维护与经济贫困的同源性，处理好地区间的生态受益区、生态功能区关系，以及经济发展与生态友好的战略权衡，进而带动整个环渤海区域在经济、社会、生态诸方面的全面发展。张云、武义青等（2013）提出，要变环首都贫困带为环首都发展带，发展能直接创造财富的生态产业，通过提高初次分配收入来推进减贫工作，这是提高贫困区域内生发展能力的根本举措。要像当年支持西部大开发一样，出台有力的投资诱导和技术扶贫政策，大力吸引外来资本在环首都生态经济特区建立生态产业基地，逐步形成生态产业集群。孙久文（2014）提出将绿色产业作为区域合作的切入点，北京市应更加充分发掘北京的人文景观优势，与京津冀区域开展旅游合作，把旅游合作作为区域合作的切入点。在绿色产业方面，应积极支持张承地区生态产业发展区建设，鼓励北京市企业参与张承地区生态产业开发，发展绿色有机农业、旅游休闲等环境友好型产业。提升都市型现代农业水平，注重发展满足个性化需求和高层次市场的高端农产品，打造区域农业产业链；积极推动高消耗、高排放、低附加值传统产业调整和逐步退出。张云、武义青（2012）指出环京津地区在产业导向上应牢牢把握"绿色"这一主线，将生态环境改善与经济发展紧密结合起来，培育生态友好型产业支撑体系。孙久文（2013）指出，"京张承三角区"是京津冀特别是北京的生态屏障和生态涵养区。在当前的体制下，通过北京与张家口、承德进行生态与产业协作，实现区域生态、产业与人口协调发展的生态合作模式，通过调整生态治理投入结构，有助于巩固生态治理的成效，构建起生态建设良性循环的长效机制，节约生态环境重复治理的巨大成本。赵弘（2014）指出，借鉴鄱阳湖生态经济区、黄河三角洲高效生态经济区经验，积极争取国家支持，在首都经济圈设立生态经济区。以生态文明建设为主线，加快发展生态产业，培育生态文化，推进节能减排和城乡环境综合治理，探索人口资源环境与经济社会发展相协调的发展新模式。肖金成（2014）指出，引导京津冀地区生态环境受益城市和地区对生态环境保护和建设重点城市与地区在经济社会发展上给予必要的扶持，推动京津两市为冀北建立以循环经济为导向的产业体系提供技术支持，并在生产性服务业、科技信息、市场流通、人才资源、高新技术等方面加强对河北省欠发达地区的辐射带动，使之在自然生态环境上得到有效保护和建设的同时，实现经济社会的快速发展。王玫、王立源（2015）建议，摈弃旧的、落后的传统做法，代之以高技术、高起点、高标准为引领，市场经济为导向的水源生态涵养区生态环境保护建设的新思路，把生态建设与农民脱贫致富、农业和农村经济发展、产业结构调整、地区特色农业产业发展相结合；大力发展生态经济，发展生态工业、生态农业、生态林业、生态旅游，用建设生态城市（县、区）的理念来组织区域经济发展，融产业发展于生态建设中，寓资源开发于生态建设中，对现行的生产方式进行生态化改造，以生态经济的发展壮大促进生态建设，实现农民脱贫致富。孙芳等（2018）提出，为了保持京津冀生态涵养区的自然生态环境，需选择资源节约型的生产创新模式，实现资源有效配置；对产业发展进行供给侧结构性调整，保障数量的同时提高产品质量，积极实施产业转型升级，发展资源循环利用、一二三产业融合的生产经营模式，发挥综合生产能力，提高生产效率。

**5. 建立产权交易体系，充分发挥市场对生态资源的配置作用**

张云、武义青（2012）认为应组织专家测算京津冀交界断面的水量、水质和水价标准，借鉴香港向广东东江买水的经验，建立水权市场和排污权市场，变无偿调水为有偿用水，京津可以通过在市场上购买水权来满足其用水需求。肖金成（2014）指出，建立京津冀地区资源能源环境产权交易体系，健全自然资源产权制度和用途管制制度，特别是对跨行政区河流、湖泊、森林、滩涂等自然生态空间进行统一确权登记；探索建立京津冀地区特别是核心城市和外围城市之间的有偿用水机制和水权交易体系，健全合理的市场化水资源配置机制，对于水权分配过程中出现的利益冲突和缺陷，可以采用政府调控、区域协调和水权转让机制等方式进行弥补；建立节能量和排污权交易体系，推动京津冀地区各城市联合出台节能量和排污权交易工作指南或技术导则，制定合理的跨行政区交易规则，统一制定初始排污权分配和节能配额分配指导性办法，按照减量调整的原则，运用市场机制逐步压缩能源消费和污染排放增量。刘薇（2015）指出，京津冀大气污染形势严峻，建议实施以排污权交易为主的市场化大气污染生态补偿模式，充分发挥市场对清洁大气环境资源的优化配置作用；根据京津冀重污染企业分布特点，确定区域大气污染排放权交易范围，建立跨区域大气污染排放权交易模式；通过大气污染预报预警、污染源动态监测数据库建设、污染防治科技合作，保障大气污染排放权市场化生态补偿模式的有效落实。洪传春、张雅静等（2017）指出，生态产品的公共属性及其供给的系统性要求打破行政壁垒，构建"政府合作为基础，市场合作为中坚，民众自愿合作为补充与保障"的京津冀生态产品供给多元合作机制；建立跨区域合作机构，从组织上保证合作网络运转，在此基础上，出台生态补偿制度、市场交易制度、官员考核制度和监督制度等，形成有效的制度保障；构建有效的生态产品交易市场，主要包括排放权交易市场和水权交易市场，利用市场机制实现生态产品的高效配置与利用。王家庭、曹清峰（2014）指出，利用行政和市场双重手段实现区域生态治理的成本共担和收益共享，增强不同地区参与生态治理的动力；就政府而言，通过合理评估，按照"谁污染、谁治理，谁受益、谁付费"的原则，建立区域生态治理成本的分摊机制；同时，由于京津冀地区的生态脆弱区同样也属于贫困地区，因此可以通过财政转移支付、技术援助以及传统产业改造扶持等手段来补偿生态脆弱区；从市场机制来看，应建立跨区域水权和排污权交易市场。张贵、齐晓梦（2017）指出，京津冀三省市要加快合作，引入排放权交易的市场机制，建立生态产权制度，推进水权交易、碳汇交易、排污权交易等制度建设，明确产权的边界、类型及归属问题；通过提供清洁水资源、涵养水源地、植树造林、风沙整治、湿地保护等服务得到碳汇和生态的价值补偿，进而实现生态保护、地方发展和居民收入提高等"多赢"目标。李惠茹、丁艳如（2017）认为，加快建立和完善水权交易、排污权交易、生态标记等市场化的补偿模式，确保生态补偿机制的公平性，逐步引导生态补偿运行机制的健全与完善，使其成为调节经济和生态关系的重要手段，最终达到推进京津冀生态环境保护一体化的目标。

**6. 建设"京津冀生态支撑区"，释放生态红利，扩大区域生态空间**

牟永福（2017）指出，"京津冀生态环境支撑区"是国家赋予河北省四大功能定位之一，基于京津冀地区对于环境容量和生态空间日益增长的需求，建设"京津冀生态环境支撑区"可以有效释放生态红利，有利于优化配置区域生态资源，有利于破解区域资源环境约束，有利于改善区域环境质量，有利于促进绿色循环低碳经济发展，有利于加强生态环境保护和治理，有利于扩大区域生态空间和提升区域整体竞争力；构建"京津冀生态环境支撑区"四大支撑体系——环境支撑体系、产业支撑体系、文化支撑体系和制度支撑体系，加速推进京津冀生态文明建设一体化进程；环境支撑体系——建设京津冀生态环境保护体系，强化区域生态保障能力，形成"一核、四区、多廊、多心"

的基础架构；产业支撑体系——构建绿色循环低碳产业体系；文化支撑体系——形成低碳环保的绿色生活方式，要求我们在价值取向、思维方式和生活方式上实现全面重塑，形成绿色发展的"最大公约数"；制度支撑体系——构建生态文明建设的制度体系。

**7. 通过区域合作实现流域水资源的优化配置，解决水资源问题**

于维阳（2007）认为，京津冀同处一个生态区，可以共同构建整个地区的生态安全保障。建议以水为媒介，以相关可行的各种方式共同分担潮河、滦河水系的治理成本，稳定密云、官厅水库进水量，并加强三地的技术与产业合作。孙久文（2013）指出，北京市域范围内密云水库、地下水等供水已经严重不足。张承地区地域上与北京临近，是北京密云水库、官厅水库的重要水源地，随着张承地区工业化、城市化进程的加快，需水量也在加大，另外张承地区也处于半干旱半湿润的地区，本身供水有限。鉴于此，在解决张承地区的产业发展以及合作供水问题上，北京应主动积极与张承地区进行区域合作，共同商讨张承地区向北京供水的长久机制。推进泛京津冀合作供水。张云、武义青（2012）提出为实现首都经济圈水资源的优化配置，必须对水资源管理的计划体制进行改革，建立以平等互利为基础的水资源调度、转让机制和补偿机制。首先应责成海河水利委员会本着可持续发展的原则明确各行政区的初始水权，鉴于张承地区生态环境的严峻形势和为京津用水做出的历史贡献，应赋予其取水优先权，或为河北单列10%～20%的生态用水指标，并延长冬季引黄入冀时限，将引滦入津指标返还一部分给河北。苑清敏、孙恺溪（2018）指出，生态共建共享过程中，生态补偿涉及的利益主体众多，需要各方协调；为了保障京津冀区域水资源安全，需要减少虚拟水足迹；京津冀三省市应重点降低农业水足迹，河北省农业水足迹最高，需要加强京津冀区域水资源协同，减少京津两地对其依赖度，重点降低主要来源对应水足迹，降低虚拟水足迹。

## 三 城镇体系优化与布局

### 1. 京津双核应逐渐由极核辐射向轴线带动转变

陈丙欣、叶裕民（2008）分别分析了 2000 年以及 2005 年京津冀都市区发展状况，指出京津冀都市区在空间分布上不均衡，已成型的都市区位于中部和南部，而北京周围的张家口、保定、承德和河北秦皇岛都无法构成都市区。京津唐都市区之间还存在大量的空白区域，整体优势不明显。肖磊、黄金川等（2011）运用多种定量方法对 1985～2007 年京津冀都市圈城镇体系规模结构进行考量，认为虽然京津两个巨型城市的主导地位将长期保持不变，但随着众多小城镇发展成为中等城市，京津冀城市群城镇等级结构日趋合理，京津轴线成为京津冀都市圈最重要的城镇密集区，以其为中心形成显著的城市影响力圈层结构，秦皇岛—唐山—北京—保定—石家庄沿线以及曹妃甸—滨海新区—黄骅港的城镇发展带也逐渐呈现。在此基础之上，肖磊等预测未来京津冀地区城镇体系空间结构为"双核、双副、一轴、两带"。张耀军、何茜等（2014）研究京津冀地区 2000 年～2010 年城市金字塔变化，认为京津冀区域内北京天津两个特大城市的极化效应明显，致使其他大城市和中等城市发展相对缓慢，区域内的不平衡加剧，呈现明显的"中心—外围"格局。魏后凯（2014）认为，京津冀城市群要构建双核多中心网络型格局。推进京津冀协同发展，除了妥善处理好京津双核的关系之外，还应建立若干副中心，分担京津的功能，同时构建若干重点发展轴线，引导人口和产业合理集聚，逐步形成双核多中心网络型空间结构。

### 2. 重构京津冀区域功能，确定各城市的定位

魏后凯（2014）认为，京津冀城市群是一种典型的双核结构。在这种双核结构下，推进京津冀协同发展关键是明确京津的功能定位，

科学处理好京津的关系。肖金成、刘保奎（2014）认为北京市周围河北省各市不能被动地接受辐射，像石家庄、唐山、秦皇岛、张家口、保定、承德、沧州、衡水等作为区域性中心城市，也有自身辐射带动的区域，也有城市圈，应着力打造各自的城市圈，提高自身的实力和带动力，不要幻想北京市的辐射和带动。作为北京市，应摆脱"单中心摊大饼"的发展模式，跳出北京规划北京，在河北境内打造"反磁力中心"，才能有效疏解北京市的人口压力、交通压力和环境压力，提高辐射力和带动力。

### 3. 优化首都经济圈的空间布局，共同打造京津冀城市群

2015年4月发布的《京津冀协同发展规划纲要》，不仅明确了京津冀区域整体功能定位：以首都为核心的世界级城市群、区域整体协同发展改革引领区、全国创新驱动经济增长新引擎、生态修复环境改革示范区；还确立了京津冀三省市的功能定位。同时，京津冀确定了以"一核、双城、三轴、四区、多节点"为骨架，推动有序疏解非首都功能，构建以重大城市为支点，以战略性功能区平台为载体，以交通干线、生态廊道为纽带的网络型空间格局。肖金成、刘保奎（2014）提出未来一个时期是我国城市群形成的关键时期，首都经济圈作为都市圈的特殊形态，并不能突破都市圈的发展规律。从北京市的辐射带动情况及天津、河北各市的发展状况来看，正处于成型期向成熟期过渡的阶段，即由单向辐射向多向辐射转型的阶段，也就是进入城市群阶段。京津冀"一省两市"应在首都经济圈规划及合作的基础上着力打造世界级城市群，而首都经济圈则是京津冀城市群的重要组成部分。必须跳出北京行政区限制，在更大的区域范围内构建"多中心组团式"城市新区，从而缓解首都压力，带动周围区域的发展。在河北境内建设"京东新区""京南新区""京北新区"将是可行的选择。河北积极打造环首都绿色经济圈，应把着力点放在建设京南、京东和京北三个新区上，承接世界产业和东南沿海地区的产业转

移，承接北京市的人口及部分城市功能。其他各县镇应积极接受北京市的辐射，与北京市各县镇进行对接，实现生产发展、生活富裕、生态良好。周密（2016）指出，以"京津冀城市群—京津大都市区—都市区—中心城市—县市单元"五层次构成的空间体系为目标，优化京津冀城市群的空间品质；切实发挥首都副中心对周边地区的辐射作用，逐步向区域内部的广域范围内实现经济功能和服务功能的转移；对区域内外圈的新建城区和产业园区如北京周边的廊坊、天津武清等，加强中间地带环状线交通、机场、港口、铁路等基础设施的建设，拓宽都市圈轨道交通线网的密度；加大非首都核心功能疏解中的空间统筹，以模块性疏解替代分散自主疏解，加强政府引导，按照整体转移、分支机构转移和后台或后援中心转移三种模块类型，有针对性地疏解。

## 四　产业对接与转型升级

### 1. 以产业疏解推动非首都功能疏解，实现功能疏解与产业升级有机结合

魏后凯（2014）认为，首都应当根据新的功能定位，实行"去功能化"战略，依靠全方位多层次的功能疏散策略引导人口、产业和设施疏散，实现功能、人口、产业和设施协同疏散。首都功能疏散要与区域协调发展、产业转型升级有机结合起来，要依靠功能疏散和承接来促进区域协调发展，全面改善提升环境质量，做到产业疏散而污染不扩散。于化龙、臧学英（2015）认为，非首都功能疏解是缓解首都"大城市病"的有效途径，也是新常态下首都发展模式转变的客观要求，更是京津冀区域协同发展的战略先导；通过产业转移实现非首都经济功能疏解应作为非首都功能疏解的先行步骤。郭昊（2016）指出，对北京的产业进行合理的配置、疏散、分工和转移，

优化提升其首都经济圈的核心功能，可缓解交通堵塞、空气污染等问题。王莎等（2019）通过京津冀产业结构与生态环境交互耦合关系的定量测度指出，一方面北京应大力疏解非首都功能产业，在选择产业承接地时，优先考虑环京贫困地区的区位优势，推动环京贫困区的产业发展。

### 2. 优化产业结构，推动京津冀区域的产业转型升级

祝尔娟（2011）指出，目前京津冀三地已基本形成产业分工的大致轮廓，产业发展呈现重化工业向滨海集聚，高新技术产业向京津集聚，现代制造业向"京保石"产业带集聚的发展态势。推进京津冀产业发展升级的路径需要从两方面着手：推进重化工产业的转型升级和战略性新兴产业的发展升级。重化工产业发展升级的路径选择包括：注重关键性技术的突破及推广应用，注重发挥临港优势和实现产业集聚，注重重化工产业链接、延伸与整合，注重基于循环经济的工业园区建设。发展战略性新兴产业的主要路径主要包括：科学选择重点产业和技术领域，以创新引领驱动新兴产业发展，培育和打造新兴产业的聚集区，以重点项目建设带动关联产业发展。李飞、刘东（2017）指出，京津冀地区应将产业转型升级作为产业发展的根本任务，要以第二、第三产业的发展为重点，推动现代服务业和制造业的发展；要以智能化、绿色环保和国际化的发展方向为主，提升产业的科技含量；北京应以高新技术产业和服务经济产业的转型升级为主，利用科技创新引领三地经济发展；天津可重点进行重化工业的转型升级，不断推动第二、第三产业融合和技术创新，以推动产业的高端化发展；河北应以产能化解和转型升级为目标，积极承接非首都功能，实现产业的转型升级。

### 3. 打造完整的跨区域产业链条，形成产业链共生系统

王宏强（2016）指出，京津冀三地优势互补，可以形成合理产业链分工；北京应落实科技创新中心的功能定位，有序退出劳动密集型

和资源消耗型的一般性制造业环节，优化发展金融、信息、科技、商务、文化创意等高端服务业；天津注重承接北京高新技术企业转移和最新研究成果转化，将配套产业和零部件生产基地向河北延伸布局；河北积极承接京津产业转移，围绕京津创新优势打造研发转化和加工配套基地，形成特色鲜明、规模集聚、配套完善的产业集群。杨洁、辛灵（2016）指出，京津冀各地有自身特有的优势资源，北京和天津拥有高端的技术和雄厚的资金，良好的区位优势和行政权力，河北省地广资源储备量大，人力资源丰富，拥有全国重要工业产业基地；只有突出各自优势资源，因地制宜，将断裂的产业价值链修补齐全，才能实现区域产业的协同发展；要强化产业节点功能，延伸产业链，加强产业链的配套建设，为区域产业链发展创造良好的条件。周毕文、陈庆平（2016）指出，基于京津冀三地的比较优势，可形成一个完整产业体系，即北京以服务业为主导，天津以加工业为主导，河北以资源型为主导；京津冀三地生产要素优势和成本差别大，要协调整合三地的土地、人才、市场和科技等发展要素，实现要素高度互补、功能定位准确、产业衔接到位。李子彪、李少帅（2017）指出，产业价值链竞争基本上已代替过去的单个企业竞争，产业链和产业集群已成为产业竞争力提升的基础和关键；京津冀要在深层次上整合产业发展，紧紧依托北京和天津强大的技术和人才等优势，延伸产业链条，形成合理的产业梯度和紧密的产业链关系。初钊鹏等（2018）指出，推进京津冀产业协同发展政策的着力点要聚焦在产业结构与产业组织互动形成的产业链共生系统，建立以北京市为资源配置中心、天津市为制造业基地、河北省为产业链上下游配套的对称互惠共生条件下京津冀产业协同发展的一体化共生模式。

**4. 创新合作模式，加大区域新兴产业试点示范，实现京津冀区域产业对接和发展**

赵弘（2014）认为，一方面应积极扩大"总部经济"模式的产业合作，引导北京的大企业优先向周边中小城市布局生产基地和配套服务基地；同时可以探索首都和周边城市"强强联合"——发挥首都独特优势吸引企业总部落户，发挥周边城市空间资源优势、劳动力资源优势等吸引生产基地落户——共同吸引新项目、大项目落户首都经济圈。另一方面应探索以"飞地经济"模式开展共建合作，可以借鉴长三角、珠三角的一些成功经验，建立合理的利益共享机制，建立类似"长三角园区共建联盟"的机构，推进园区间考察交流，建立共建项目库，为园区间合作共建牵线搭桥，力争促成实质性的项目落地，促进"飞地经济"模式取得实效，走出一条促进区域协调发展的新路子。孙虎、乔标（2015）指出，为实现京津冀产业协同发展应加大区域新兴产业试点示范，建立区域创新体系和产业协作体系，加快新兴产业培育，可在京津冀区域对新能源汽车、风力发电等新兴产业进行试点。

**5. 京津联手共建国际金融中心，改善区域金融生态环境**

王景武（2006）提出，随着京津冀区域经济一体化进程的加快，各地外汇管理部门间业务联系越来越紧密。京津冀地区外汇管理部门应适应形势需要，积极探索区域外汇管理一体化新模式。基本架构设想包括：建立区域外汇管理信息系统，实现信息共享，搭建外汇管理一体化平台；打破属地管理原则，实现跨区域外汇管理一体化。杨开忠（2007）提出，建设京津国际金融中心的构想，他指出，美国2亿多人口，有国际金融中心三个：纽约、洛杉矶和芝加哥。中国国土与美国大体相当，人口13亿。从国际经验看，中国作为超大型国家，国际金融中心应当是多个，至少应有3个。现在中国南部和中部分别有了香港和上海，京津应成为我国三大金融中心之一。北京是国际金融管理中心，集中了我国主要金融资产；天津滨海新区拥有金融改革创新的先行先试权，京津金融发展各有优势和分工：北京是国际金融管理中心，天津应是国际金融运营中心，具备携手探索、推进金融产业协调发展的基础。金融产业在两地的发展可能更多体现出的是功能分工，而不是同质竞争。戴宏伟，张艳慧（2014）提出，推进京津冀金融业协作的五点对策，一是京津冀应建立分层次金融体系，构建地区性金融网络；二是利用金融业合理分工与协作推动京津冀地区发展；三是充分发挥各地比较优势，协调京津冀金融业发展；四是完善金融合作政策制度；五是强化地区金融系统间合作。周毕文、陈庆平（2016）指出，京津冀协同发展应加强金融创新，积极引入市场资本和尝试财政改革，既要建立类型完整的金融市场，以满足证券、基金、债券等各金融需求，也要建立功能完善的金融市场，充分发挥区域内资本运营的聚敛功能和调节功能；各地的金融角色定位也很重要，未来可将北京定位为金融决策中心，天津重点发展保理、融资租赁等金融业，河北廊坊处于天津和北京之间，避免功能交叉，可发展金融人力资源培训和职业金融教育等来起支撑桥梁作用。穆献中、吕雷（2017）提出，通过加强金融生态制度体系的建设，优化区域内的信贷资金配置，形成合理分工，优化产业链，增加金融业有效辐射面积，改善京津冀区域金融生态环境。

**6. 推进区域科技合作和产业协同创新，联手打造具有全球影响力的区域创新基地**

李国平（2014）认为，京津冀地区在我国三大经济区域中具有极其重要的战略地位和鲜明的发展个性，是国家自主创新战略的重要承载地，肩负着我国参与全球竞争和率先实现现代化的重任。其发展目标是，努力把京津冀地区建设成为我国经济社会发展的创新中枢、创新型国家建设的先导区、国家知识创新核心区、产业技术创新示范区。应按照"优势集成、高端引领、协同共赢、点轴支撑、跨越发展"的"20字"思路，加速提升该地区整体科技实力，发挥对全国的引领和辐射作用。张贵（2008）提出，应从六个方面来推进京津冀区域科技合作，即开展地区科学研究的交流与合作；开展地区科技普及的交流与合作；共同研发具有国际竞争力的科技项目；开展地区科技人才合作培养与交流；完善地区科技资源共享和合作体系；建立和培育区域特色科技创新集群、产业联盟。徐蕾（2011）认为，京津冀地区应注重发挥各自优势和加强分工协作：北京应以新技术研发为重点，天津应重点打造现代制造业研发转化基地，河北应建设规模化生产及配套设施生产基地，在此基础上，三地可以共同打造、完善梯次结构产业链，增强区域战略性新兴产业发展的合力。突出创新驱动，联手打造具有全球影响力的区域创新基地。赵弘（2014）认为应突出和强化北京作为创新中心的辐射带动作用，积极搭建首都科技资源与周边区域现有产业的对接平台，促进区域自主创新能力提升。促进首都科技创新平台对首都经济圈开放共享。通过新产品和新技术跨区域的应用示范带动创新产品和技术市场需求，是推动首都经济圈科技成果转化和产业化的重要途径。刘雪芹、张贵（2015）指出，产业创新生态系统的形成是一个由企业个体创新演化为链式创新，再形成创新网络，最终实现创新生态系统的过程；根据创新生态系统形成过程与三地产业发展需求，由关键点引领线，由关键线带动面，由关键面交织成网络，按照"强点—成群—组链—结网成系统"的路径实现京津冀产业协同创新。

## 五　公共服务与制度创新

**1. 加强区域教育、医疗等公共服务领域合作，推动实现京津冀公共服务一体化**

吴良镛在"大北京规划"中谈到，京津冀地区是全国知识资源最密集地区，知识发展水平居全国之首，最有条件融入世界知识社会。于维阳（2007）认为，在科研和教育方面，进一步加强京津高校的人才和科研院所科技与教育资源应用方面的合作；在高等教育建设上，三地高校联合建立区域内科学研究与开发基地；在职业教育方面，京津两市应对环京津贫困县的职业教育加以扶持。王延杰、冉希（2016）指出，在公共卫生医疗服务方面，京津冀三地需要尽快统筹医保政策和具体标准，解决京津冀之间在药品报销范围、医保报销起付线等方面存在的具体差异，在京津冀之间实现医保服务一体化；在教育服务方面，三地应继续完善京津冀之间的跨区教育服务合作机制，充分利用京津冀教育资源优势互补性特点，借助北京市和天津市的优质公共教育资源，与河北省相关院校开展多层次的教育合作模式，丰富京津冀公共教育合作内容，加快推进京津冀教育服务一体化。李冬（2018）指出，在保证优势地区公共服务供给的同时，在财政预算、转移性支付、专项公共服务资金等方面给予落后地区更大的支持，快速提升其公共服务水平；通过提高河北省的整体公共服务水平，吸引人口和资金的流入，促进河北地区经济发展。

**2. 创新公共服务供给方式，提高公共服务供给多样化和灵活性**

姜溪、刘瑛莹（2015）指出，河北省可通过政策优惠、合同外包、政府购买或特许经营等方式逐步建成以政府为主导、市场做引导、社会同参与的共建共享的基本公共服务供给机制。鲁继通（2015）认为，应通过市场化改革改进公共产品供给机制，引导私人企业、非营利组织、公共组织等参与公共服务的供给，建立京津冀地区政府与市场共同参与的公共服务供给机制，提高公共服务供给的灵活性和多元化；鼓励三地政府在公共管理方面革新，重视公共服务的成本和绩效分析，创新公共服务供给模式，通过招投标、特许经营、合同承包、税收优惠等形式推进公共服务市场化改革，提高公共服务的效率与质量。赵瑞芬、张新社（2017）指出，公共服务均等、公共资源共享是京津冀协同发展的关键一环；在财政合作顶层设计下，京津冀公共服务的供给应以共赢为目的，创新联合供给的模式；遵循合作与服务的逻辑，京津冀公共服务供给主要有五种模式，即设施与服务共享共建、统一政府采购政策、统一公私部门混合供应方式与政策、统一价格管制与服务监督标准、共同财政基金。

### 3. 设立特别税收政策，建立地方横向分税制，保证财政在公共服务领域均衡分配

刘亮（2011）提出设立针对京津冀经济圈的特别税收政策，逐步缓解乃至消除区域间的税收与税源背离问题，以促进区域经济协调发展。杨开忠（2008）提出，应认真探讨京津冀地方的税收划分。1994年的税制改革，解决了中央与各省市之间的纵向分税制，但在省以下地方之间的横向分税问题并没有解决，带来的突出问题是：地方可能会因为害怕税收流失而不愿本地企业向周边转移；在企业跨地营业的情况下，地方提供了公共服务却得不到应有的利益补偿。应当借鉴美国等市场经济国家的经验，探讨建立地方之间横向的分税制，来解决跨地经营企业的税收分配问题。许恒周等（2018）提出，为了进一步促进公共资源配置的均等化，应增加京津冀地区的公共服务资源投入量，增加公共服务项目的财政预算，尤其是加大承德、张家口等外围地区的公共服务资金投入力度，加大城市公共服务的覆盖广度和深度；同时制定富有约束力的政策体系，加大对于公共服务资源建设专项资金的监管与督查力度，增强各个城市公共服务运作机制的合理性，提高公共服务资源配置的纯技术效率。

### 4. 试行公共服务政策对接，推进区域社会政策一体化，促进社会民生协同

杨开忠（2008）认为，京津冀地区劳动力市场已经高度一体化，加快社会政策一体化势在必行。要努力解决好地方之间社会保障、教育、医疗卫生等社会政策的相互衔接。孙久文（2011）提出，未来的首都经济圈应当是人居环境优越的、同城化的生活圈，包括快速交通的联网，通信号段的统一，居民交往的频繁，各类技术标准的统一，

创立新都市主义的居住空间范式。建议试行社会保障对接，推进公共服务一体化。探讨并试行首都经济圈内社会福利、社会保障和医疗、教育设施和政策的对接，消除手机区域漫游费，设计统一的交通一卡通，积极推行京津冀三地医院医保一卡通，发展跨地区远程医疗，完善生活必需品的保障合作机制，加强公共卫生联防联控和协调处置，构筑区域安全网。周密（2016）认为，为切实保障京津冀三地居民民生权利，应实现：拖欠工资行为三地可协同查办；展开跨省市就医直接结算工作；完善京籍老年人异地养老的政策；实现公共服务机构及功能在三地的互通互联。鲁继通（2015）认为，在允许存在制度差异的情况下，推进三地公共服务制度对接，实现区域间公共服务政策、措施、推进方式相互衔接，使居民都能享受统一标准的基本公共服务，努力实现"底线公平"。

**5. 建设信息共享平台，推动要素有序流动和优化配置**

一是通过人才、就业政策改革，共享平台建设，推进人力资源配置一体化。张云（2011）提出，京津冀三地人力资源的配置目前尚未实现一体化。在"虹吸效应"作用下，河北人才外流严重。建议加强地区间劳务合作，京津冀联合建立专家数据库和信息服务平台，加强产学研结合，河北与中关村共建环京津高新技术产业带。孙久文（2018）指出，为实现京津冀人力资源的有效配置，应加快跨城乡和区域的差别性就业政策改革，健全劳动者平等就业制度；整合建立覆盖全区域的就业和人才信息共享平台；建设京津冀职业技能开发培训基地；建立覆盖城乡、区域互认的职业技能评价公共服务体系；实施统一完善的创业激励政策。

二是推进要素流动，促进产业融合。韩士元（2007）提出，应积极探索要素流动和产业融合的有效方式，包括产业转移式、行业协调式、产品协作式、联合开发式、组建集团式。优化要素流动和产业融合的社会环境，如对外招商引资要尽可能统一优惠政策，尝试采用城市群联合招商的办法。城市群内部人才流动允许只办理人事调动手续，不变更户籍属地。高速公路收费由分段收取改为统一收取，实行"一卡通"制度等。孙彦明（2017）指出，创新区域性财税、投融资、公共服务、政府绩效考核等体制机制，健全产业转移对接企业税收分享及利益协调长效机制，在市场准入、知识产权保护等方面提供支撑保障，推动要素有序流动和优化配置。

全面推进中的重大问题及政策建议梳理

第五章

# 一 北京城市功能疏解与带动周边发展

### 1. 北京面临严重的"城市病"，非首都功能疏解势在必行

2014年2月25日，习近平在北京考察时指出，北京要明确城市战略定位，坚持和强化首都全国政治中心、文化中心、国际交往中心、科技创新中心的核心功能，要调整疏解非首都核心功能。对于北京当前面临严重的"城市病"问题，王飞（2014）认为症结是太多功能集中在中心城区，且功能间冲突得厉害，实现功能在市域和区域合理分布，是总体规划方向。"我们的思路是通过功能的疏解，带动人口的转移。"刘法（2014）指出，北京"城市病"的主要成因，不是全行政区的人满为患，而是中心城区的人挤为患。要缓解北京"城市病"，关键在于大力疏解中心城区的功能、避免过度集聚。柴浩放（2017）指出，在京津冀框架内，北京通过疏解部分功能，在优化和升级空间结构和产业结构的同时，解决北京面临的发展瓶颈并为解决"城市病"提供腾挪空间，以更好地聚焦首都职能建设。

### 2. 明确非首都功能的内涵，有针对性地制定疏解措施

张可云、蔡之兵（2015）指出，明确非首都功能的内涵，不能从城市功能定位或城市功能的类别入手，而应从北京的首都属性入手。根据首都的内涵，首都属性可分为两个部分：国家形象属性和中央政府所赋予的高级别政治地位属性；首都属性的两大部分对北京自身发展的影响主要体现在产业结构体系的正常演化路径被外力干预和整个城市空间结构的极化分层。

### 3. 坚持政府与市场双手协调，分层调整疏解非首都核心功能

方毅（2014）认为，调整疏解非首都核心功能应坚持政府这只

"看得见的手"和市场这只"看不见的手"双手协调的原则，把握好政府和市场的边界，处理好政府和市场的关系，使市场在资源配置中起决定性作用和更好发挥政府作用，推进调整疏解措施的顺利落实。李彦军（2013）指出，政府要通过合理利用行政和经济的手段鼓励行政机构、事业单位外迁，增加中心城区的商务与办公成本等加大北京中心城区向外的推力，同时加强基础设施建设以促进新区功能完善，提高远郊区生活便利程度，吸引企业外迁，重大项目落户郊区。林恩全（2013）认为，北京中心城功能疏解需综合施策，对于因经济发展而集聚的城市功能，本质上还得尊重市场经济的运行规律，通过价格、税收等手段加以引导，让"市场"解决"市场的问题"，政府工作的着力点在于打好政策组合拳，坚持市区联动、部门协同，用政策替代资金来平衡利益，以此促进问题的解决。杨开忠（2014）指出，在北京功能疏解问题上要坚持市场主导、政府引导的原则，综合运用经济手段、行政手段和法律手段。王海臣（2017）指出，为扎实有序地推进非首都功能疏解，坚持疏控并举的原则；在疏解存量方面，坚持政府和市场两手用力，分领域率先实施一批有共识、看得准、能见效的重大疏解项目；充分发挥价格杠杆调控作用，对非居民用水、用电、用气、用热实行分区域差别化价格政策，引导城六区企事业单位向郊区疏解。杨开忠（2015）指出，调整疏解非首都核心功能应当按照发挥市场决定作用和政府辅导作用相结合的原则；一方面，着力打破地方封锁、市场垄断，实现要素自由流动，建立健全区域开放统一、公平竞争的共同市场，让市场机制在调整疏解非首都核心功能中发挥决定作用；另一方面，借鉴国内外非首都功能疏解的经验，着力制定实施政府引导非首都功能调整疏解的政策。涂满章等（2017）指出，疏解要做到合理定位、以业控人，发挥市场和制度的双向引导作用；规划愿景要得到有效落实，必须遵从市场规律，对产业和劳动从业方面进行合理疏导，引导好人口集聚，并充分发挥制度和政府的引领带动作用，如转移出去的企业和产业，若缺乏后续的自生发展能力，政府就应提供必要的制度和政策支持，以扶助其稳定发展。

**4. 发挥各地优势，提高输入地的承接能力**

肖金成（2013）指出，河北积极打造环首都绿色经济圈，应把着力点放在建设京南、京东和京北三个新区上，承接世界产业和东南沿海地区的产业转移，承接北京市的人口及部分城市功能。其他各县镇应积极接受北京市的辐射，与北京市各县镇进行对接，实现生产发展、生活富裕、生态良好。张丽丽（2014）表示，将从把天津港打造为北京的海港物流中心、国际进出口商品分拨基地、新型文化旅游休闲的目的地、承接北京产业转移的聚集区这四方面主动对接、承接首都功能疏解，在促进京津冀协同发展中发挥更大作用。2014 年承德市政府工作报告中指出，北京启动实施功能疏解，必将为承德加快发展带来前所未有的机遇，主动对接融入京津。依托生态、温泉等旅游资源，建设特色养生小镇、温泉水城、山庄人家，建成一批示范性度假村和养老基地，打造首都经济圈高端人群疗养度假的休闲区。2014 年廊坊市政府工作报告强调，围绕北京功能疏解及要素外溢的需求，大力宣传廊坊的城市、产业、园区、环境，提升廊坊的竞争力和吸引力。顺应北京向外转移社会资源的趋势，加大对科技、教育、医疗、会展、专业市场等功能性资源的承接力度，积极吸引京津人才资源，推进北京优质医疗资源、重要会展设施、专业批发市场、研发孵化机构落地廊坊。张晗、舒丹（2019）通过对京津冀产业转移的主要承接地的综合测评指出，河北省的产业承接能力还需进一步提升，并就影响京津冀地区产业承接力的重要因素进行了实证分析，结果显示，承接地的经济规模、对外开放程度、劳动力资源水平以及基础设施状况是影响其产业承接能力的关键因素。

## 二 产业分工、链接融合与空间优化

### 1. 重构区域产业分工格局，实现产业转型升级和区域的空间优化

李国平（2009）指出，推进京津冀产业协调发展，重构区域内产业分工格局。在产业发展上突出北京的知识型、天津的加工型以及河北的资源型特色，形成协调互补的产业分工格局。叶堂林（2011）指出，对于京津冀经济一体化和区域协调发展而言，核心是分工合作，在产业布局上的合理分工是区域经济协调发展的基础。提升京津冀都市圈国际竞争力的关键，是促进区域产业升级与整合，重构区域新型产业分工体系。要从分析京津冀空间规划新布局入手，研究京津冀产业对接的重点区域。文魁、祝尔娟、叶堂林等（2014）指出，京津冀产业一体化应以新型产业分工为基础，强调部门内部分工，突出产品专业化和功能专业化，重构京津冀都市圈产业分工体系，形成错位竞争、链条发展的整体优势。邓丽姝（2014）认为，产业价值链分工能够产生基于知识外溢的报酬递增效应，形成整合竞争优势，是首都经济圈产业分工发展的方向。首都经济圈的产业升级，在于产业价值链分工基础上的整合发展。产业间分工为首都经济圈实现产业价值链分工、进而实现更高层次的产业整合和升级提供了产业基础和前提条件。徐蕾（2011）认为，京津冀地区应注重发挥各自优势和加强分工协作：北京应以新技术研发为重点，天津应重点打造现代制造业研发转化基地，河北应建设规模化生产及配套设施生产基地，在此基础上，三地可以共同打造、完善梯次结构产业链，增强区域战略性新兴产业发展的合力。刘小军、涂俊（2011）认为，由于自然和历史发展等方面的原因，京津冀资源禀赋和城市功能有着较为显著的差异，互补性十分明显。北京市在政治、文化、教育、科技、人才、旅游等资源方面有明显优势，产业结构明显向服务业倾斜；天津市综合实力较为均衡，

实现科技成果转化以及工业制造能力突出；河北省的自然资源丰富，农业、重工业及现代制造业配套产业较发达。合理定位，科学布局，实现京津冀区域经济一体化，能够充分发挥各地产业优势，实现三地产业的有效对接与转移，有效合理地配置区域经济资源。张燕（2014）认为，北京应成为京津冀研发设计"新高地"，河北应成为京津冀高端制造的"新腹地"，天津应成为京津冀对外开放的"主战场"，最终形成研发设计—高端制造—产品销售一条龙的京津冀一体化产业新格局；通过产业功能重新定位，引导区域人才、土地和资本等生产要素合理流动，带动交通、教育、医疗等公共服务合理配置，将京津冀打造成环渤海经济新增长极。

**2. 通过产业创新与路径调整，实现产业空间再造**

孙彦明（2017）指出，需进一步转变政府职能，加强"放管服"改革，加强过程监测和目标导向，将各地"单打独斗"转变为"协同作战"，将"要素比较优势"转换成"产业链协同优势"，将"产业梯度"优化为"协同布局"，将"要素投入依赖"转型为"创新驱动"，将"产业园区"升级为"产城融合"，探索"布点、配套（轴）、集群（辐）、组链、结网、成系统"的产业协同发展路径。杜爽等（2018）通过对京津冀和长三角制造业比较指出，两大经济圈应加快推进制造业集群转型升级，进一步促进区域创新能力提升；应加快提升集群企业研发能力，完善区域创新体系，优化技术创新环境，构建更多更好的技术创新平台，强化知识产权保护等。王玉海、田建国等（2019）指出，京津冀协同发展未来的发展趋向是形成一个区域整体，这样区域层面就势必要进行产业空间再造；既要从整体出发谋划京津冀未来产业空间布局，还要选择临近重点地区的产业集群作为产业调整的突破口，也要探索产业调整的路径；产业空间再造以产业集群为基础，是产业创新在空间区域的结构表现；产业调整的路径不是在既有产业体系基础上按照比较优势选择产业及其转移调整的"归大堆"，而是要以产业集群为基础，按照竞争优势原则所体现的产业集聚"空间再造"，以期打破既有的行政性地区化产业结构体系。周密（2016）指出，立足京津冀各自优势推动产业结构优化和产业布局调整，根据三地在工业化、信息化与城市化的不同发展阶段实现错位发展；围绕要素的自由流动，加强产业提升、城市功能完善以及信用、知识产权、人才等环境建设；利用区域整体的科技能力和市场需求，构建生产性服务业和战略性新兴产业为主导的现代产业体系。胡媛媛（2019）指出，京津冀"互联网＋金融"的产业升级创新路径需要进行产业融合、产业渗透、产业交叉和产业重构；需要对互联网产业和金融产业之间进行相互融合、互相渗透、交叉和重构。

**3. 加快产业梯度转移，增加产业关联度，完善产业链的建设**

陈红霞、李国平（2010）认为，在京津冀未来的区域发展中，应结合各地区产业结构的调整方向，加快区域内部产业梯度推移的步伐，使得中心城市能够充分发挥极化效应和扩散效应，带动整个区域的协调发展。石敏俊（2011）指出，京津冀地区的产业发展呈现三个"梯度"特点：一是产业结构梯度：产业结构差异大；二是产业链梯度：制造业的垂直分工，京津冀三地处于同一产业链的不同环节；三是区位因子梯度：北京和天津的贸易成本较低，而河北的要素成本较低。为此，京津冀转型发展，要充分发挥首都圈的知识优势：技术优势，信息优势，推进制造业的高端化；有效利用要素成本和贸易成本梯度，推进首都圈内部的产业转移，提高区域一体化程度；有效利用产业结构梯度和产业链梯度，发展差异化竞争，强化区域间经济联系。王建峰（2013）指出，产业转移是京津冀区域产业实现优化配置的必然，提升京津冀区域产业转移综合效应的最优路径为进一步深化和完善京津产业链建设，尤其是加快京冀和津冀之间产业链的构建，发挥各自比较优势，逐步形成地域分工合理、产业间联系紧凑的区域产业链布局，使其更好地融入全球价值链。王艳、刘晓

（2009）认为，京津冀之间在产业结构上不但存在梯度差距，也存在梯度转移的广阔空间。京津冀各地区应根据自身的比较优势，自觉、能动地形成合理的产业链，以加快促进区域产业协调发展。孙久文（2014）指出，要在合理分工、优势互补、地方发展、企业盈利的基础上合理安排区域间产业转移和产业对接。北京目前面临大城市病的困扰，转出不适合在北京发展的产业可以为北京觅得新的发展机遇。天津应当在立足港口经济的基础上积极发展高端制造业，参与国际制造业竞争才是天津最终的选择。河北应当积极承接北京和天津的产业转移，并着力加强本地产业配套和产业对接的能力。刘东生、马海龙（2012）认为，京津冀区域只有把握好发展中的方向，既能找准各自的产业发展重点，又能统筹兼顾，共同构建具有国际竞争力的战略性新兴产业集群、产业链，才能实现产业结构优化升级和协调发展，以使京津冀区域经济在环渤海区域中充分发挥龙头带动作用。初钊鹏（2013）认为，环首都地区的功能定位是支撑北京总部经济和生产性服务业发展的制造基地，因此地区产业部门应积极主动地承接北京知识溢出、成果转化和产业转移，适时优化调整产业结构，融入由北京总部经济延伸的各种产业链的制造领域，通过产业链对接的区域分工与协作推进环首都经济圈经济一体化进程。

**4. 整合创新创业资源，优化区域创新创业生态系统**

刘雪芹、张贵（2015）阐述了创新生态系统形成过程与京津冀三地产业发展需求，提出京津冀协同创新需要形成由研究、开发、应用三大群落构成的创新生态系统。张建国（2015）认为，要从技术创新、管理创新、服务创新、业态创新等方面完善京津冀创新创业生态系统。张贵（2017）通过评估北京、天津和河北各自的生态位宽度，运用动态发展模型和模拟仿真方法，探讨三地区域创新创业生态共建的可行性。结果表明：北京具有较宽的研究生态位，天津具有较宽的开发生态位，河北拥有较宽的应用生态位，京津冀三地已初步形成构建优势互补、互联互通的生态系统基础，但仍需利用各自资源优势，找准"研究、开发、应用"三大群落的定位，增加自身生态位宽度，形成"研发—转化—生产"互惠互利、协同共赢的创新创业区域竞合格局。

**5. 探讨建立区域税收分享制度，促进产业的跨区域协同**

韩士元（2007）提出，应建立区域税收分享制度，以合理解决要素流动和产业融合过程中的经济利益问题，如各城市联合开发的产业项目，不论项目所在地或注册地在哪里，形成的税收都应按要素投入的比例由各方共享；由于产业调整、产业链延伸等原因，某些产品或生产工序由一地转入另一地的，转入地新增的税收应按一定的比例返还给转出方；跨城市组建的企业集团或其他生产经营组织，新增利税也不能由总部所在地独享，而应在要素投入各方之间合理分配，用有效的制度保障合作各方的权益。还可以积极申请试行生产型增值税转化为消费型增值税的新税制，即对城市群之间生产要素流动、组合而融生的产业项目，纳税人在计算增值税时，允许扣除购买生产资料所含的税款等。皮建才（2017）指出，产业转移的抓手就是建立合适的利益补偿机制，在利益补偿上允许一事一议和自发性探索，鼓励不同产业的诱致性制度变迁，不要搞"一刀切"；在政绩考核上，要尽量消除京津冀各自绩效考评的弊端，实行三地抱团考评制度，在经济发展和环境保护等诸多方面实行联动，减少产业转移过程中的体制性地方行政阻力；在治理机制上，建立多层次多级别的地方领导和职能部门会谈机制、协商机制和落实机制。魏丽华（2017）指出，无论是基于产业协同发展视角，还是基于优化资源配置、提高区域综合实力视角，都迫切需要推进产业的跨区域整合，试点横向分税制，突破地方政府为争夺税收而对产业布局设置的各种壁垒，根据参与产业链条的要素贡献度高低进行税收分成，从而实现产业跨区域协同发展的突破。

### 6. 重视环境友好型产业的发展，发展循环经济

周毕文、陈庆平（2016）指出，在京津冀产业转移升级中，既要考虑各地区产业互补性，也要注重环境友好性产业的发展；因地制宜地发展生态绿色型农业；依据可持续发展原则，科学规划区域内的生态空间；深化研究和落实环保的具体环节，如环境规划、联动执法，以及重污染日的应急措施联动等；促进区域经济效益、社会效益及环境效益的和谐统一。

## 三　城市功能定位与大中小城市协调发展

### 1. 北京——全国政治中心、文化中心、国际交往中心、科技创新中心

2014 年 2 月 26 日，习近平总书记视察北京并发表重要讲话，明确了北京"全国政治中心、文化中心、国际交往中心、科技创新中心"的功能定位。《京津冀协同发展规划纲要》和《北京城市总体规划(2016 年 – 2035 年)》也都强调了北京"四个中心"的功能定位。学者们大都从经济发展、社会进步角度研究了北京的城市功能定位，认为北京应实现制造业高端化、生产服务业区域化国际化，构建北京大CBD，提升辐射能力。陈红霞、李国平（2011）指出，随着北京市城市功能定位的转变，北京将更多地承担服务全国甚至服务全球的功能，发展总部经济、知识经济。李国平（2013）还指出，北京要加快发展生产性现代服务业，注重发展知识型服务业，积极承接国际服务业转移，增强国际导向的服务功能和辐射力；进一步提升现代制造业发展水平，优化发展高端制造业，促进产业链条高端化发展，积极培育现代产业集群。孙久文（2013）认为，从京津冀都市圈区域合作来给北京定位：国家重要的创新基地、国际综合交通枢纽、国际文化和旅游中心。北京市在"十二五"期间开展京津冀合作需要着眼于建设世界

城市，明确合作路径，依托京津冀城市群的协调发展，破解中心城功能疏解困境，加快实现制造业高端化生产服务业区域化国际化、构建北京大 CBD，提升辐射能力。吴良镛（2012）提出，北京建设世界城市，需集中"京津冀"地区力量。天津与河北的成就，终将转变为北京的成就、京津冀的成就乃至世界的成就。京津冀区域的协调发展势必为北京迈向国际舞台提供新途径新动力，而北京建设成为世界城市又将反哺津、冀二地，为其带来新的机遇。陆大道（2015）提出，在北京的"城市性质"中，应强调"首都北京是以高端服务业为主体的国家经济中心城市"，北京应作为中国最主要的金融、商贸等高端服务业中心，这样的定位体现了"现代国际城市"的内涵，也是为发展确定"新的目标"和开拓"新的空间"，将会使北京和京津冀城市群较快成为全球经济的核心区之一，从而大大提高中国在世界经济体系中的竞争力和影响力。

**2. 天津——全国先进制造研发基地、北方国际航运核心区、金融创新运营示范区、改革开放先行区**

2015 年《京津冀协同发展规划纲要》明确了天津市的"三区一基地"的城市功能定位，即：全国先进制造研发基地、北方国际航运核心区、金融创新运营示范区、改革开放先行区。周立群（2009）认为，天津以高水平大项目为载体，以增量扩充带动存量调整，总量增长与结构优化的双跨越特征明显，标志着天津将借助滨海新区开发开放，通过重大项目的建设着力构筑高端产业、自主创新、生态宜居三个高地；未来天津应将要素优势向竞争优势和创新优势转变，巩固其中心地位，同时天津作为国家先行先试的示范基地，要特别强调创新服务业的建设，以构筑较完整的产业体系。臧学英、邹玉娟等（2012）认为 2006 年中央政府明确将天津定位为北方经济中心，目的在于明晰京津功能定位，减轻首都发展压力，实现优势互补。天津应成为以京津冀城市群为依托的京津世界双核之一、国际港口大都市、世界级的加工制造业基地和现代化国际物流中心。陆大道（2015）指出，天津发展的战略定位可以强调以下几点：一是进一步加强综合性制造业及其所需要的基础原材料、新材料的发展；二是加强作为东北亚重要航运中心功能的建设；三是与作为中国华北地区经济中心城市相适应，发展中高端服务业及为京津冀城市群服务的其他生产型服务业。

**3. 河北——全国现代商贸物流重要基地、产业转型升级试验区、新型城镇化与城乡统筹示范区、京津冀生态环境支撑区**

2015 年《京津冀协同发展规划纲要》明确了河北"一基地三区"的功能定位，即全国现代商贸物流重要基地、产业转型升级试验区、新型城镇化与城乡统筹示范区、京津冀生态环境支撑区。武义青（2013）指出，从区域分工角度看，河北环京津地区应定位于京津的生产制造基地、研发中试基地、农产品供应基地、服务业外围基地、劳务输出基地。为此，打造承接产业转移平台，是培育环京津增长极的核心。河北应从利用京津要素外溢，承接京津产业转移，抢占京津市场入手，从硬环境建设、软环境建设、项目谋划和平台建设等方面为增长极培育创造条件，并在实现主导产业的绿色转型，完善生态补偿机制，保护环境方面进行政策创新。王余丁等认为，对于京津冀整体而言，河北省是对外联系的通道、重化工业集聚地、初级产品供给地、生态环境保障源、资源主要供给地，同时也是京津的帮扶对象。根据河北在京津冀地区的地位作用以及未来所面临的环境，王余丁等认为河北应制定国内贸易战略、资源深加工战略、精品服务战略、民营带动战略和低碳环保战略。文魁、叶堂林（2012）提出，河北应加快优势地区率先发展，努力打造自身经济增长极，充分发挥环首都的独特优势，积极主动为京津搞好服务。曾珍香、段丹华、张培（2008）指出，河北应定位于京津产业的承载者、资源提供者和产品制造者，在服务京津的同时充分利用自身的区位优势，加快发展步伐通过发挥政府"看得见的手"的宏观调控作用，实施向外围落后地区倾斜的经济政策，加快城乡一体化步伐，建立京津对其外围资源使用的利益补偿机制。

**4. 完善城镇化健康发展体制机制，形成大中小城市协调发展格局和"多中心、网络化"城镇空间格局**

文魁、祝尔娟、叶堂林等（2014）指出，要完善城镇化健康发展的体制机制，推进以人为核心的城镇化，推进大中小城市和小城镇协调发展，同时指出要实施城市群空间发展战略，有"双核"型城镇空间结构向"多中心、网络化"的城镇空间格局转变。特大城市要在世界城市体系中找准自己的定位，充分发挥其在聚集整合全球优质资源、带动区域发展中的核心中枢、科技先导和增长引擎方面的作用；中等城市要在区域经济板块中找准自己的定位，努力提升其对优质要素的集聚力和承接中心城市疏解的产业、人口和城市功能的吸纳力，尽快发展壮大；小城镇要充分发挥资源禀赋优势，以特色产业、绿色环境、宜居宜业来吸纳城市的吸引力，完善城市功能、与大中城市形成紧密联系中加快发展。

**5. 按照承载力和吸纳力的情况，重构京津冀大中小城市合理格局**

《京津冀协同发展规划纲要》确立了京津冀区域整体功能定位、京津冀三省市功能定位及"一核、双城、三轴、四区、多节点"的空间格局，并提出构建现代化城镇体系，走出一条绿色低碳智能的新型城镇化道路。学者对京津冀城市群的城市功能定位、大中小城市协调发展作了较多研究，也取得了一定的成果。文魁、祝尔娟、叶堂林等（2014）指出，应抓住北京城市功能疏解的重要契机，在疏解超大城市承载能力的同时，强化京津龙头城市的辐射带动作用，增强区域内特大城市和大城市的吸纳力和支撑力，扶持带动中小城市加快发展。张贵祥（2014）认为，提升京津冀城市群的质量关键是在优化京津核心城市城镇质量的同时，注重区域性中心城市和重点城镇的城镇质量提升。

# 四　北京城市副中心、雄安新区、
## 京津大都市周边新城建设

为了缓解中心城区日益增长的人口压力，北京市自 20 世纪 90 年代就开始着手新城建设。2004 年《北京城市总体规划（2004—2020）纲要》指出，建设通州、顺义、亦庄、大兴、房山、昌平、怀柔、密云、平谷、延庆、门头沟等 11 座新城，并重点发展通州、顺义和亦庄三个新城；天津市在滨海新区开发的背景下，提出建设副中心新城、次区域中信新城、田园新城和滨海新城四类新城，包括西青、津南、汉沽、大港、蓟县、宝坻、武清、宁河、静海、京津、团泊 11 个城市；河北省则重点推进以曹妃甸和渤海新区为主的沿海新城以及以整合廊坊、保定、张家口资源打造的环京新城。

**1. 新城是推动区域可持续发展的新增长极，"产城失衡"等问题导致其"反磁力"基地作用不明显**

新城是京津人口与产业输出的主要承接地，是缓解北京"大城市病"、重塑城市竞争力的有效措施。吴庆玲、毛文富（2014）认为，新城是京津冀城市群的重要组成部分，是承接北京天津中心城人口、产业及城市功能的重要发展空间，也是在中心城市周边建立"反磁力"基地的城市载体，是推动区域可持续发展的新增长极。余文源、孙久文（2005）指出，新城建设的功能目标是多方面的，其中包括了转移市中心区的人口、产业承接新时期人口、产业发展需求，疏导新北京产业发展方向，为市中心区减负等职能同时也促进新城自身的发展和加快北京市的城市化进程促进农民向城镇集中、产业向园区集中培育未来北京新的吸引中心和经济增长点。刘建（2006）指出，从区域的角度看北京新城将主要容纳来自三个方面的城市发展，一是因空间和经济结构调整而从北京市区迁出的部分人口和企业，二是因北京地区社会经济发展而新增的部分人口和企业（包括从外地迁入北京的人口和企业），三是因北京郊区城市发展而出现的从农村向城市迁移的部分人口以及部分农村企业。张可云（2016）指出，一方面，新城建设通过疏解中心城区的人口和产业，可有效缓解大城市病，推动北京可持续健康发展；另一方面，新城建设通过促进经济活动及人口空间布局在京津冀全域的优化，从而实现区域协同发展。

新城的经济实力迅速上升，但存在较为严重的"产城失衡"问题。彭文英（2009）认为，新城产业发展十分强势，尤其是通州、顺义和亦庄三个重点新城的产业发展态势已经基本形成，然而城市基础设施建设还较薄弱。相比较而言，呈现产业发展水平较高而城市环境建设较差的"业强城弱"现象，严重影响到人口转移和综合型服务业的发展。吴庆玲指出，北京、天津新城公共服务设施整体发展水平均低于中心城区，基础教育供给不足，文化设施短缺，新城的医疗、教育等优质资源引入也未达到预期效果。李纪宏、王建宙（2012）指出，目前北京的新城大部分都存在就业和生活的不平衡现象，通州新城的"有城无业"和亦庄新城的"有业无城"的现象加大了新城的交通压力，居住、工作、消费功能的分离也不利于城市功能的提升和城市文化的培养，完善新城产业、促进当地就业、实现业城平衡是新时期新城建设面临的首要问题。李秀伟（2012）指出，从目前的发展态势看来，京津冀三地的新城建设效果均不甚理想；通州新城自建成以来虽承接了大量外来人口，但职住分离、城业不均现象成为常态，潮汐式通勤给交通带来了巨大压力，新城缺乏活力，几乎沦为"卧城"；天津和河北在新城建设过程中则出现了许多以新城为幌子的住宅项目，甚至出现非法征地现象，而与新城相配套的基础设施和公共服务项目却迟迟未见动工。

京津周边新城尚未形成阻隔外来人口、产业大量涌入中心城市的"反磁力"基地。吴庆玲（2014）从北京新城和天津新城吸引外来人口、人口密度指标的评价结果以及此新城产业结构分析指出，一方面，总体来看新城的人口规模呈增长趋势，已成为吸纳人口的重要城市载体，但相较于天津新城对中心城区的就业人口有较大的吸引力，北京新城对就业人口的吸引力还不强，"反磁力"基地的作用尚不明显；另一方面，新城对中心城市第二产业的承接功能已开始显现，但第三产业没有出现从中心城向新城转移的明显趋势。

**2. 北京城市副中心、雄安新区建设，集中承载非首都功能，破局区域发展**

雄安新区使命是集中承接非首都功能，破局区域发展。京津冀协同发展专家咨询委员会组长徐匡迪在访谈中提到，雄安新区建设的目标是疏解北京非首都功能、优化区域空间布局、增强新区自我发展能力、紧跟世界发展潮流、培育和发展科技创新企业、吸纳和集聚创新要素资源、培养新动能，打造具有全国意义的新的创新引擎，建立全国城乡统筹发展的示范区。武义青、柳天恩（2017）指出，作为北京"一体两翼"的重要组成部分，雄安新区既是北京非首都功能疏解集中承载地，也是首都功能拓展区，还是以首都为核心的世界级城市群中的重要一极，与北京共同形成全国创新驱动经济增长新引擎；雄安新区承接北京非首都功能疏解，要立足于高端高新产业培育，立足于未来长远发展，必要时可以承接部分首都核心功能。李国平、宋昌耀（2018）指出，雄安新区很难完全依靠内生禀赋实现跨越式发展；积极承接非首都功能疏解的优质资源是雄安新区打造"具有全国意义的新区"的必然路径；雄安新区承接北京非首都功能疏解，应当充分考虑到雄安新区发展的定位与目标，在承接时应当重点承接创新潜力大、环境污染少的高端高新产业和机构。

探索新区治理模式，强化体制改革创新，实现经济社会一体化。2017年4月6日张高丽在京津冀协同发展工作推进会上表示，"要高标准高质量高水平编制新区规划，强化体制改革创新、加大政策支持力度，切实保护生态环境，要合理把握开发节奏，坚决严禁大规模开发房地产，严禁违规建设，严控周边规划，严控入区产业，严控周边人口，严控周边房价，严加防范炒地炒房投机行为，为新区建设创造良好环境。"国家发改委主任何立峰也承诺，国家会研究出台支持政策，根据新区需要，在专项规划实施、重大项目布局和资金安排上，对新区相关交通、生态、水利、能源、公共服务重大项目给予支持；统筹新区与周边地区协调发展，新区有序集中承接北京非首都功能，实现与北京中心城区、北京城市副中心错位发展；另外，还将探索新区治理新模式，深化行政管理体制改革、投融资体制改革，建立长期稳定的资金投入机制，吸引社会资本参与新区建设。蓝志勇（2017）指出，雄安新区必须要突破原有行政壁垒，实现财税体制、城市建设、社会管理、产业结构、人才资源、公共服务、基础设施管理的一体化。武义青、柳天恩（2017）指出，创新产业合作机制，鼓励发展飞地经济、异地产业园区、服务外包基地和协同创新共同体等，实现雄安新区与北京优势互补和互利共赢；推进雄安新区与北京人才互认、信息互通和资源共享，促进生产要素合理顺畅流动；创新雄安新区承接北京非首都功能疏解的投融资模式，积极探索创新 PPP、BOT 等模式，吸引社会资本和民间资本参与集中承载地建设。孙久文（2019）指出，雄安新区与京、津及河北其他地区融合发展过程中难免会遇到各种各样的体制机制障碍，协调解决雄安新区建设中的各种问题，需要有新的机制和新的模式；雄安新区的新机制，应当是适应在人口稠密地区建设国际一流城市的要求，可借鉴浦东新区和深圳特区体制的成功经验，开放创新，在管理体制上革故鼎新，在发展模式上推陈出新，生态环境上焕然一新。

坚持生态宜居发展理念，注重人口、资源、环境与发展的关系。徐匡迪（2017）指出，雄安新区应坚持生态宜居、和谐共享的理念，以保护和修复白洋淀及其相关水系的生态环境为前提，提高水环境治理标准、优化水资源管理，提升华北平原的生态环境。杨开忠（2017）指出，雄安建设要注重人口、资源、环境与发展的关系；雄安新区位于九河末梢，拥有华北最大的淡水湖，但地处我国水资源最稀缺和世界极度缺水地区，必须坚持以水定发展、定人，控制规模在250万人左右，开发利用节水技术，建设节水型政府、企业、家庭和城镇，有效提升水资源使用效率。蓝志勇（2017）指出，新城区的生态环境和大气、水域治理面临挑战，新城拔地而起，对原有生态环境必然造成压力；利用新城建设契机进行水域和生态治理，对水资源缺乏状况要提高危机意识，鼓励全民参与节约和高效用水，追求可持续发展。孙久文（2019）指出，习近平总书记关于雄安新区"要建设绿色智慧新城，建成国际一流、绿色、现代、智慧城市；要打造优美生态环境，构建蓝绿交织、清新明亮、水城共融的生态城市"的这一定位，意味着雄安新区要大力发展绿色金融，以绿色金融引领新区实现产业体系、交通体系、城市建设、政商环境、市民生活等全方位、全链条的绿色发展。

**3. 完善城市综合功能，推动产城融合发展，将城市副中心打造成为非首都功能疏解的重要载体地**

张可云、王裕瑾（2016）提出京津冀新城建设的思路是：从区域层面要突出区域整体规划的统筹作用、完善新城发展的法律与制度保障、构筑高效的开发模式和多元融资体系；在大城市层面要提升城市规划及管理水平、重塑城市竞争力，避免内城问题；对新城自身而言，要实现新城的科学定位和全面规划，建设"产城融合"的综合新城。

完善城市综合功能，提升城市副中心的综合承载力。杨国义（2014）认为，富有特色的多样化职能定位是增强副中心发展活力的关键，一定程度上决定了副中心未来的成败，因此城市副中心的建设应当与传统中心的功能错位发展，充分利用自身区位、资源优势和条件，凸显特色。赵弘（2014）指出，要引导城市发展重心全面转向"副中心"和新城；近期集中精力加快通州城市"副中心"建设，高标准配置公共服务资源和基础设施，提高对人口和产业项目的吸引力。

加速要素流动，实现产城融合。王济武（2014）认为，产业与城市副中心的融合发展将推动城市副中心成为集实体产业发展、创新集群导入、完整生活配套设施为一体的，具备生产、居住、消费、公共服务等多功能的城市综合体。安树伟、刘瑶（2018）指出，副中心的建设：一方面要根据本区域的条件选择适合自身发展的主导产业，进而带动相关产业发展，促进人口快速集聚；同时加快发展现代服务业，促进传统产业升级和新兴产业发展，提供更多就业机会，特别是高质量就业机会；另一方面要注重配套设施建设，满足就业人口的生活需要，在建设产业集聚园区的同时，完善其生活配套体系，让副中心更加宜居，避免出现"堵城""睡城""空城"等现象。王玉海、何海岩（2018）指出，北京城市副中心的建设不仅要"拆笼腾地""腾笼换鸟"，加快调整中低端产业、整治工业大院，退出那些不符合新城功能定位的产业以留足发展空间，还要顺应产业集聚的要求，从副中心城市功能定位出发，布局产业促进城市功能，实现"以产促城，以城兴产，产城融合"。

## 五　京津冀区域协调机制体制创新

### 1. 探索建立横向协调与纵向协调相结合的协调机制

叶堂林（2014）提出，横向协调是建立地方政府联席会议制度，通过共谋发展与和平协商来推动区域一体化发展，主张建立常态化的"京津冀市长联席会议制度"；纵向协调是指建立京津冀城市群发展委员会，从顶层规划和矛盾仲裁来保障区域一体化发展，主张建立超越行政区划的区域协调机构——由国务院牵头组建"京津冀城市群发展委员会",主张对京津冀区域交通体系建设、生态环境建设、市场体系建设、社会保障建设等进行统一规划、战略部政策协调和矛盾仲裁。张智新(2012)认为,京津冀经济圈由多个城市组成,城市与城市之间既有横向的平行关系又有纵向的垂直关系还有互不隶属的关系,因此有必要设立京津冀区域协调委员会,赋予一定的协调监督权,并且依据地方政府的职权让渡,可成立一些专门的问题解决委员会,以解决交通、环境及水资源利用等各方面的问题。赵弘(2012)指出,要强化规划引导,构建国家指导下的地方自主跨区域合作机制,建议建立中央、京、津、冀四方参与的"首都经济圈工作联席会制度",作为区域合作的决策机构。刘法(2014)指出,要真正实现京津冀城市群的均衡发展,必须将首都圈乃至整个京津冀城市群建设作为国家战略,由国家层面设置专门机构以高位协调,统筹协调区域合作和一体化的战略决策。

**2. 探索建立区域税收分享制度、成本分摊机制与生态补偿机制等利益补偿机制**

2015 年 6 月,财政部、国家税务总局联合制定印发了《京津冀协同发展产业转移对接企业税收收入分享办法》,明确了企业迁入地和迁出地三大税种税收收入五五分成,扫除了三地加快产业转移过程中因地区间税收利益博弈带来的障碍。叶堂林(2014)认为对京津冀区域内跨省市的生产投资、产业转移、共建园区、科技成果落地、招商引资异地落地等项目,进行利益分享的制度设计和政策安排,探索有效的地区间税收分享和产值分计;京津冀三地政府应按照省际基础设施对本地区经济所产生的外部性弹性系数比例分摊建设成本,并依此对权重承担建设责任,健全成本分摊制;还要建立京津冀区级流域生态补偿机制。黄征学(2007)指出,建立财税分享机制,重点解决可更深入合作的产业。起初可选定地域性强、竞争性弱的产业开展合作，如旅游、物流等行业的适合共同开发的利益分配机制。同时建立生态补偿机制，为城市群可持续发展提供保障条件。张云利、张智新（2009）认为，建议建立灵活可调节的互惠共享的财税体制，避免恶性竞争，从而建立健全区域协调发展的机制。打破部门界限，本着互惠互利、优势互补等原则推进京津冀区域的协调发展。张智新（2012）还认为，要建立财政横向转移支付制度，其目的是为解决京津冀地区集体行动的成本分摊和利益分享问题。刘法（2014）指出，完善城市群协调机制，建立健全区域环境监管和联防联治机制，实行生态环境保护责任追究和环境损害赔偿制度；建立健全环保投入和跨区域生态补偿机制，探索建立排污权交易制度。王坤岩、臧学英（2019）指出，建立区域利益补偿协调机制，可以在一定程度上缓解地区发展差距过大给协同发展带来的不利影响；可以通过产业园区共建共享机制、产业协同创新机制等引导资源有序流动；建立区域生态补偿机制，在牢固树立区域大生态系统理念的基础上，明确生态功能区的地位和作用，引导受益地区通过直接资金补偿、产业转移、技术投资、共建共享共治等渠道支持生态功能区生态环境建设与生态服务价值的发挥；建立区域互助机制，加强发达地区和不发达地区的经济联系，不是简单的资金扶贫或项目扶贫，而是建立一种真正利益相关的经济互动机制。

### 3. 建立区域发展银行，创新区域投融资机制与合作模式

叶堂林（2014）指出为推动区域发展，可以参照国家开发银行的模式，设立首都经济圈发展银行，负责京津冀城市群的区域开发。有必要创建区域合作投资机构，设立区域合作基金，积极投资支持区域内大型跨界公共基础设施建设、生态环境建设等。高尔兵、薛志敏等（2008）指出，建立京冀津一体化发展基金。核心是提升政策性资金的使用效率和"杠杆"效应，集中财力办大事，更加突出财政资金"四两拨千斤"的杠杆功能和引导作用。

### 4. 构建政府、市场和社会"三位一体"的京津冀区域治理机制

张贵、尹金宝（2015）指出，京津冀协同发展要发挥政府机制在宏观领域、市场机制在微观领域、社会机制在中观领域的作用，通过搭建平台、创新机制、整合资源，构建互动衔接的运作机制，在政府、企业和社会公众之间建立嵌入式沟通、服务和互动机制，探究新型的合作长效机制与制度化机制，构建互信、互惠、互利、互动的合作机制，弥补政府失灵、市场失灵和社会力量的不足，推进政府、市场和社会的资源与能力相互整合，构建政府、市场、社会三元协同发展的区域治理结构系统，形成政府、企业和社会公众之间的合作伙伴关系，充分调动各方的力量，推进京津冀区域治理的进行。

## 六　市场体系建设与社会政策对接

### 1. 统一劳动力市场，推动京津冀人才一体化的实现

2005 年 6 月 8 日，京津冀三地共同签署的《京津冀人才开发一体化合作协议书》，是三地从民间自发阶段向政府职能部门推进阶段转变的重要标志。李锡英、王秋芳（2005）认为，京津冀统一劳动力市场是京津冀区域聚合与经济协调发展的一个重要组成部分；京津冀合作解决统一劳动力市场的问题，促进区域聚合与经济协调发展，实现了劳动力的合理流动，将给京津冀的经济发展注入新的生机和活力。李金辉、王亮等（2009）认为，京津冀区域人才开发不仅要完善人才合作制度、拓展人才合作领域、加大柔性引智力度等，更要加强区域人才市场体系建设，如建立统一开放的京津冀区域性人力资源市场、建立和完善人才信息服务机制等。马宁、饶小龙等（2011）在对京津冀区域人才合作基础、现状和问题进行分析的基础上，提出构建统筹协调的区域人才发展布局（主要包括人才资源战略规划的

制定和人才合作协调机构的设立）、建立优势互补的区域人才开发模式、建立政策互通的区域人才服务体系（主要包括区域人才大市场建设和人才公共服务政策创新）、建立成果互惠的区域人才合作机制等区域人才一体化的实施路径。屠凤娜（2015）指出，在京津冀人才协同发展中存在人才协同机制不完善、人才资源配置不均衡、人才市场不完备等问题，为实现京津冀区域内的人才自由流动和高效配置，增强区域内人才的综合实力，需完善人才协同发展机制，统筹协调人才发展战略，构建开放互通的人才市场服务体系，加强政策法规的落实监管。

**2. 创新金融服务模式，加快推进金融市场一体化**

冯文丽（2008）指出，在京津冀区域经济发展中，金融发展不平衡，差距较大，在某种程度上加剧了区域经济的不平衡，制约了经济协同发展。因此，京津冀应综合利用自主创新、合作创新和模仿创新三种金融创新模式，提高金融创新质量和速度，促进区域金融融合和协同发展，最终实现金融一体化和经济一体化目标。张亚明、王帅（2008）认为，京、津、冀三地的金融业与各自区域经济的发展水平相关联，相互之间具有较大差距，这导致了三地进行金融业整合的产业基础薄弱。同时京津冀经济圈的一体化程度较低，产业跨地区布局、整合发展的局面尚未充分形成，因此对金融业一体化发展的需求不足，推力不够，京津冀金融业的良性互动发展有待进一步引导。郭小卉、康书生（2016）指出，京津冀三地应优化金融资源配置，建立优势金融资源共享机制；建立京津冀区域内统一完善的大金融市场；加强金融服务和金融基础设施建设，提升京津冀区域金融联系程度；打造京津冀同城金融服务圈等途径实现京津冀金融协同发展。

**3. 培育统一开放的区域性市场体系，促进京津冀区域要素的自由流动**

周立群、罗若愚（2005）、何海军等（2008）、吕中行（2007）等提出京津冀区域内市场化程度低，许多市场行为被政府行为所代替。文魁、叶堂林（2012）指出，京津冀区域要共同制定和执行区域长期发展规划，形成统一开放、功能齐全、竞争有序、繁荣活跃的市场体系，实现基础设施互联互通、共建共享，最大限度地提高基础设施的利用率和规模经济效益。方创琳（2011）提出，应强化市场机制在城市群形成发育中的主导作用。武义青（2009）指出，建立区域统一的市场体系，最大限度地扩大相互开放度，推动各种生产要素的无障碍流动。刘丹丹、孙文生（2006）认为，京津冀地区应逐步建立健全规模不等、层次不同、功能各异并成四级分布的区域性市场体系。张桂芳（2008）指出，京津冀区域经济一体化应主要依靠市场对于资源的配置能力以及由市场主导的经济合作，政府则应着力于完善市场体系、制定市场规划、引导市场准入以及构建区域化的基础设施网络。吴敬华（2009）指出，京津冀的发展要研究制定生产要素合理流动的市场规则，促进资源、资本、技术、信息、人力的优化组合；要消除市场壁垒和市场障碍，培育统一、开放、有序的市场体系。张玉庆（2009）指出，京津冀经济圈不仅应加强商品市场建设，更应重点加强生产要素市场建设，采取各种措施推动生产要素的跨行政区自由流动，提高生产要素在行政间、产业间的配置效率，实现经济圈区域产业结构的优化升级。

### 4. 实行京津冀社会政策对接，推进社会政策一体化

杨开忠（2008）认为，京津冀地区劳动力市场已经高度一体化，加快社会政策一体化势在必行。要努力解决好地方之间社会保障、教育、医疗卫生等社会政策的相互衔接。孙久文（2011）提出，未来的首都经济圈应当是人居环境优越的、同城化的生活圈，包括快速交通的联网，通信号段的统一，居民交往的频繁，各类技术标准的统一，创立新都市主义的居住空间范式。建议试行社会保障对接，推进公共服务一体化。孙久文、邓慧慧（2008）认为，京津冀已走过贸易一体

化进入要素一体化阶段，下一阶段应向政策一体化阶段迈进，其中包括整合目前各区域发展目标，以实现京津冀基本公共服务均等化为导向，制定京津冀生态环境建设和补偿方案，制定重点产业发展区带动其他区域发展的方案。

# 七　如何变环首都贫困带为发展带

### 1. 积极发展特色生态农业和扶贫旅游业，培育经济增长点

那威（2013）提出，针对贫困带不同区位的资源特点，合理调整农业产业结构，政府支持建立农业标准化生产，发展绿色科技农业，加快无公害、绿色、有机农产品认证工作，提高产品的绿色竞争力建立环首都绿色食品生产供应基地。环首都贫困地区须立足本地优势，发挥旅游资源丰富的优势，通过整合北京与当地的旅游资源，打造包括北京、承德、张家口三地的黄金旅游度假长廊。毕毅琛、马雪剑（2014）指出，扶贫旅游的核心理念是推行有利于贫困人口发展的旅游业，并与反贫困直接关联。在京津唐地区，有着约3000万人口，这是一个巨大的客源市场，充分利用和对接好京津唐的旅游辐射，对其周边贫困地区的发展是十分有利的。李丹（2013）指出，充分利用毗邻京津的有利区位条件，开发旅游资源，积极发展休闲农业、旅游农业、生态旅游。例如开发水域风光度假村、森林公园和湿地公园等等。推广"参与、购物、体验式"农业园模式。政府应从政策和财力上大力支持农业旅游发展，打造品牌，吸引充足的客源。王静丽、吴开（2016）指出，当前环首都贫困带的产业层次比较低，应加快农业产业化实现贫困居民增收，同时依托种类齐全的地形地貌、悠久的人文历史、深厚的文化底蕴、秀美的自然风光推动同京津两地旅游景区的共同开发、旅游路线的共同组织、旅游市场的共同开拓等方面向纵深发展。

### 2. 完善生态建设补偿机制，实行特殊扶持政策

肖金成（2013）指出，需要建立跨地区的生态和水资源补偿机制，通过提供强有力的政策支持和稳定的资金渠道，从法律、制度的角度对补偿行为予以规范化，从而实现张、承、保三市生态与经济的可持续发展。河北省发展和改革委员会相关研究人员（2012）指出，河北省应积极争取国家对环首都贫困地区生态建设给予更大的支持。加强与北京市协商沟通，研究制定环首都水源地水资源使用补偿、生态环境管护费用补偿、传统工业发展权益损失补偿等相关政策，尽快建立公平合理的生态补偿机制。对环首都25个扶贫开发重点县（区）除落实中央、省既定的"普惠"政策以外，在财政转移支付、新增建设用地指标、县级配套资金、税收分成比例等方面，要针对环首都贫困地区的特殊情况和特殊需求，重新制定并实行新的特殊优惠政策。李国安（2013）指出，贫困带为了首都的生态环境付出了很多，而获得的补偿却极少，所以北京应对顾全大局但是牺牲自我的贫困带给予一定补偿。针对贫困带多年来坚持水土保持、节水灌溉、退耕还林还草、矿业限采、封山禁牧等和资源保护措施，由国家相关部门进行权威而公正评估，制定长久、深入、稳定的补偿通道，由相关受益城市、地区进行生态补偿。王静丽、吴开（2016）指出，北京在享受环境生态效益的同时应该给予贫困带地区合理的生态补偿；建议成立区域生态建设协调机构，负责做好北京与贫困带之间生态补偿建设的协调、组织和领导工作；建立健全区域生态补偿的法律体系，本着"谁受益谁治理"的原则，进行多元化的生态补偿。

### 3. 切实改善基础设施，支持社会事业发展，提升贫困地区群众的生产生活能力与自我发展能力

河北省发展和改革委员会相关研究人员（2012）指出，将加强环首都贫困地区基础设施建设作为河北省"十二五"时期交通、新能源、电力、农业、水利、生态环境保护、社会事业发展等专项规划编制的

重点，在公路交通、能源、农业节水、旱作农业、农村饮水安全、生态环境治理、农村沼气、通讯设施、医院、学校等基础设施建设上实施倾斜政策，加大项目资金投入力度。武义青、张云（2012）指出，加大对冀北地区的扶持力度，把对口帮扶的重点放在加强教育、医疗卫生、基础设施建设领域，有效改善当地居民的生产生活环境，提高当地的人力资本水平。周晓华（2017）指出，需通过加强教育培训、医疗卫生、社会保障等公共事业，提升贫困地区群众的生产生活能力与自我发展能力；同时还需要关注对贫困人群的职业教育与创业扶持，通过建立劳务输出机构，增强贫困县域剩余劳动力外出务工创业和融入务工地的能力，以实现贫困人群收入来源多向促进，推动农民脱贫增收。

**4. 积极建设环首都绿色经济圈、生活圈，变贫困带为发展带**

河北省在"十二五"规划中提出要建设环首都绿色经济圈，包括围绕北京的张家口、承德、廊坊和保定四个城市，以新兴产业为主导，目标在于逐步把环首都地区打造成经济发达的新兴产业圈、环境优美生态环保圈。文魁、祝尔娟、叶堂林等教授指出，建设环首都绿色生活圈，既可缓解首都的人口资源环境压力，又可以把京津的教育医疗、旅游会展、休闲养老以及生活服务业进一步做大做强，还会极大地带动新城建设及中小城镇发展。武义青、张云（2011）指出，解决贫困带问题的关键在于由"输血"转向"造血"，增强其内生发展能力。加快建设环首都绿色经济圈，大力探索绿色经济新模式，才有望实现生态改善与经济发展之间的良性循环，才能变贫困带为发展带。同时指出，河北要建设的环首都绿色经济圈，是作为保障首都可持续发展的生态屏障区、承接首都部分功能转移的重要功能区，因此提高环境承载力是其首要任务。要改变这些地区过去以生态恶化、生活贫困保障北京环境的做法，实现环首都地区经济和生态双重协调发展、北京与环首都地区的良性互动，最终趋于完全一体化的发展。要在区域一体化基础上，以绿色经济为指向，打造生态环保圈，打造以环首都新城为核心的幸福生活圈，努力建成我国科学发展的示范区。

**5. 构建多维补偿和帮扶机制，解决"生态抑制性贫困"问题**

2016 年 10 月，国家发改委等六部委联合印发《京津两市对口帮扶河北省张承环京津相关地区工作方案》。2016 年 12 月，京冀双方签署《全面深化京冀对口帮扶合作框架协议》，津冀双方签署《对口帮扶承德市贫困县框架协议》，北京市 13 个区对口帮扶张承保三市 16 个县（区），天津市 5 个区对口帮扶承德市 5 个县，"十三五"期间计划投入帮扶资金 47.68 亿元，2016 年对张承生态功能区国家级贫困县（区）的帮扶资金达 4 亿元，比 2015 年增加 33%。周晓华（2017）指出，环首都贫困带的减贫扶贫面临两大困境，即生态环境退化和经济贫困恶化，致使环首都贫困带呈现典型的"生态抑制性贫困"；直接性抑制表现在贫困区自身生态环境的脆弱性，进而由环境恶化导致的自身经济发展条件退化以及区域经济发展差距的持续拉大；间接性抑制表现在贫困带在整个区域经济发展中所被赋予的生态功能性定位，该定位极大程度地限制了其自身发展所必要的自我资源开发和利用，进而构成贫困带内的累积性贫困问题。针对间接性贫困，一方面，应该通过跨区域合作为贫困带注入充足的行政、经济、人力、生态、科技等资源，以增强贫困带县域政府的再造能力；另一方面，在京津冀区域之间需要健全生态公平补偿机制。需要尽快建立、完善生态环境服务转换为市场价值的度量体系，加大京津生态受益方对环首都贫困带等生态贡献方的跨区域补偿力度，秉承"谁开发谁保护、谁受益谁补偿"的思路，真正做到生态扶贫。

# 八　打造全国创新驱动经济增长新引擎

2015 年《京津冀协同发展规划纲要》出台，京津冀整体定位是"以首都为核心的世界级城市群、区域整体协同发展改革引领区、全国创新驱动经济增长新引擎、生态修复环境改善示范区"。

## 1. 建设京津走廊高新技术产业轴

京津走廊地理位置优越，基础设施较为完善。既拥有北京天津具有国际影响力的特大城市又有迅速崛起的廊坊市；既有中关村科技园区、天津滨海新区等"增长极"，又有诸多省市级开发区；既有北京首都机场、天津港等国际交通运输枢纽，又有许多国家交通基础设施汇集于此。

一是京津高新技术产业带在新时期的定位。周长林、孟颖（2009）指出，京津塘高速公路产业带具备良好的发展基础。在新的发展机遇下，产业带面临整合提升，进一步升级为连接京津的高新技术产业带，成为推进京津实质性合作的战略空间、引领环渤海地区经济发展的产业高地、参与国际竞争合作的桥头堡，在区域经济发展和国际竞争合作中发挥巨大作用。陆军（2010）指出，京津塘沿线高新技术产业带发展的目标定位是，将京津塘高速公路打造成为融合"多地区、多主体、多层次、高端化、立体化、全方位"的国际新兴高新技术吸收转化与生产研发的产业开发空间系统。

二是京津高新技术产业带的产业体系转型。周长林、孟颖（2009）指出在新的发展定位下，京津高新技术产业带的产业体系面临着转型，应把握新的产业发展趋势，从带动区域产业结构升级，实现国家战略角度，确定未来主导产业的发展方向：创新技术发展新兴产业引领区域产业结构升级；大项目带动发展国家战略性产业，实现国家战略布局；基于高新技术产业发展现代服务业，建立创新服务网络。丁涛方（2012）指出，高新技术产业走廊方面形成了"中关村软件园和科技创新基地、亦庄国家级开发区、廊坊开发区、武清开发区、天津滨海新区"功能和空间格局。从2008年全国第二次经济普查数据得出的京津走廊在全国区位商说明，虽然京津走廊地区高新技术开发区云集，但总体而言京津高新技术产业走廊在全国的重要性仍不突出。而在高级服务业走廊方面，形成了"北京中关村风险投资和研发、西城区金融街、朝阳商务区、廊坊香河与开发区的会展旅游—天津主城区 CBD、天津滨海地区的物流中心（海港与航空港）"走廊。京津走廊地区的生产性服务业、高等级服务业等部门增长显著，呈现明显的高端服务转变态势。

三是推进京津高新技术产业带发展的对策建议。武义青（2010）建议，要建立组织协调和推进机制，统筹规划，实现资源利用的一体化和生产力布局的区域优化，共建高新技术产业园，鼓励绿色创新、协同创新，驱动新兴产业发展，搭建"绿色通道"，实现人才智力资源共享。陆军（2010）认为，重构城市科技创新投资体系的基本模式，尤其要注重大力发展孵化器，同时需要加大政府的创业资金和运营补贴支持力度；提高产学研一体化的组织结合力度，加快区域科技产业交流与协作网络建设，推进科技研发成果转化，提高企业根植性；加快城市、区域一体化的信息化平台和系统建设，推进数字城市工程的协同发展，提升信息化基础设施的服务能力；降低地区间的商贸物流交易成本，整合区域性产业分工，不断提高京、津中心城市科技产业对区域腹地市场需求的满足程度；尽快成立以京津塘科技产业带为基础的区域性教育共享网络，同时建立联合管理委员会，统一分配创业资金和运营补贴；提高对非国有经济实体开展科技创新系统投资的激励程度；在京津塘沿线尝试包括区域整合型财税体系、区划调整和区域治理和跨区域社会服务协同保障网络等领域的区域性制度创新与执行工具创新。叶堂林（2009）指出，应建立区域合作领导机制，建立多层次、开放型区域合作机制，建设科技成果转化和技术转移合作服务体系。

## 2. 推动京津冀协同创新共同体建设

推进京津冀全面创新改革试验，打造协同创新共同体，是贯彻落实国家创新驱动发展战略和京津冀协同发展战略的重大举措和重要内容。京津冀打造创新共同体的短板主要表现在：京津冀三地科技创新体系和政策协同不够，没有形成有效衔接、优势互补、分工协作的运行机制；科技资源和创新要素的自由流动存在障碍；跨区域科技服务平台不够完善，公共技术服务平台和中介服务体系不健全，跨区域、跨行业、跨部门的信息交流不畅；区域成果转化和利益共享机制未能有效建立。2018 年京津冀三地共同签署了《关于共同推进京津冀协同创新共同体建设合作协议（2018－2020 年)》，京津冀科技部门联合成立工作领导小组，建立联席会议制度，聚焦共建创新要素与资源共享平台、深化细化区域分工与布局、促进三地高校院所企业协同创新、协同推进重点区域建设等 4 方面重点任务，深度对接合作并定期开展会商。陈永川（2016）指出，京津冀协同创新共同体建设还处于起步阶段，区域创新体系还没完全建立，三地创新链、产业链、资金链、政策链还缺乏有效对接耦合，在资源共享、要素流动、利益分配、协调推动等方面还面临一些行政壁垒和体制机制障碍。李峰、赵怡虹（2017）指出，京津冀协同创新示范区的建设需要创新思维、体制机制创新，突破京津冀协同发展瓶颈，释放发展潜能；通过多种途径消除各种创新要素流动的障碍，聚集创新资源，实现各种创新要素的优化配置，引领京津冀区域产业转型与升级。刘宾、董谦等（2016）认为，只有在政府的科学引导下，丰富协同创新主体、构建开放化和网络化科技服务平台、实现科技资源显性共享、制定重点产业技术路线图、实现科技型中小企业跨区深度隐性融合、打造"点对点"科技协同园区、建立"中关村－保定－石家庄"高新区辐射轴，才能加速京津冀技术创新的快速聚集，最终实现京津冀经济的跨越式发展。贾树生、习亚峰（2017）在对京津冀协同创新建设现状分析的基础上指出，应通过政府的体制、机制、政策、资金等杠杆手段推动区域协同创新；一方面，激励三地的企业、金融机构等市场主体，通过参与京津冀协同创新共同体建设，实现自己的经济利益；另一方面，支持三地的科研机构、中介组织等社会主体，在参与京津冀创新协同过程中发挥自身效用，推动各类资源的有序流动和优化配置。刘慧、江时学（2018）通过对欧洲研究区建设过程中措施的分析得出京津冀协同创新共同体构建的一些启示，包括建立强有力的协调领导机构，以加强创新合作推动各地区创新制度的协调，开发多种工具共同推动京津冀各创新主体的跨区域协同创新等。薄文广、刘阳等（2019）通过对当前京津冀三地共建的协同创新共同体的分析指出，发展与完善京津冀协同创新共同体可以从中央统筹顶层设计，地方政府创新先行先试；构建权责匹配，多层次的制度化合作机制；找准产业创新协同对接点，构建高效优质服务体系；聚焦重点创新共同体建设，积极探索协同发展新路径等方面着手。

### 3. 打造创新驱动经济增长新引擎

一是创新驱动推动产业升级。张伯旭（2015）指出，京津冀产业整体升级，最重要的就是依靠创新驱动，包括科技创新、观念创新和管理创新，特别是倡导形成"鼓励创新、宽容失败"的创新文化，营造支持创新的良好氛围，形成鼓励大众创业、万众创新的社会环境。王殿华、莎娜（2016）指出，科技创新是产业转型发展的持续动力，它以自主研发为导向，以提升产业贡献率为核心，不仅能克服产业发展瓶颈问题，还能释放环境与资源限制压力，从而带动产业向"高、精、尖"迈进，形成产业先发优势。何莹（2017）认为，创新驱动经济发展方式转变的机理是要激发内生增长、发挥竞争优势以及转变政府职能。何莹认为，创新驱动经济发展方式转变的路径包括：加快科技创新，提升京津冀经济竞争力；强调制度创新，打破行政区划的壁垒；促进产业结构优化升级，构建现代产业体系。

二是京津冀打造全国创新驱动经济增长新引擎的对策。叶堂林、潘鹏（2017）根据京津冀三地创新的优劣势分析，指出在打造全国创新驱动经济增长新引擎上，北京应依托优势产业、优势技术和具有重大战略价值的前沿领域，打造具有全球影响力的创新策源地和参与国际竞争的世界级产业集群；天津应面向国际、借势北京、立足自身，打造全国先进制造业研发转化基地；河北应落实国家重大战略，推动产业转型升级，实现跨越式发展。

未来京津冀协同发展研究的趋势与前沿

第六章

# 一　三地急需解决的热点难点问题

## 1. 北京

未来一段时期，北京的主要任务是发展强化和充分发挥首都全国政治中心、文化中心、国际交往中心、科技创新中心等核心功能，重点做好非首都核心功能疏解工作、推进城市副中心建设，推动"腾笼换鸟"战略实施，构建高精尖经济体系的形成，实现首都高质量发展。北京当前急需研究和解决的问题如下：

一是推进非首都功能有序疏解的体制政策创新研究。在现行体制的基础上，研究有利于区域合作的税收分享、GDP 分值计算、财政贴息等政策；同时，还要研究在产业转移和功能疏解过程中，如何同步推进城际轨道交通网络化、社会政策一体化、基本公共服务均等化，以保障疏解出去的产业、机构及人口的平稳落地和有效运转。

二是拓展发展空间、培育经济增长点、发挥北京的区域核心引领带动作用。研究如何在非首都核心功能疏解过程中，加强区域合作，在京津冀接壤地区共同建设生态示范区、临空经济区、产业新城、特色小镇和绿色宜居家园等，优化空间布局、培育区域新的增长点。

三是提升北京城市综合管理能力的研究水平。重点研究如何推进超大城市的精细化、智慧化管理，提升城市的运行效率；如何推进基本公共服务均等化，破除城乡二元结构，提高整体发展水平。

四是强化科技创新对高质量发展的支撑引领作用，加强全国科技创新中心建设的研究。重点研究如何建立以企业为主体、市场为导向、产学研深度融合的技术创新体系，探索创新成果转化路径和方法；探索高端人才集聚发展模式，深入推进全国科技创新中心建设。

**2. 天津**

非首都功能疏解、京津冀协同发展为天津实现转型发展带来重大机遇。天津当前急需研究和解决的问题如下：

一是加快经济转型和产业升级，提升经济实力和发展质量。重点研究如何加快从大项目推动、外企推动和资本推动逐步转向创新驱动、消费驱动，增强经济发展的内生动力和外来产业的根植性；通过吸引高端产业、健全服务体系、鼓励科技创新，培育新的竞争优势，推动经济转型升级。

二是加强与京冀的合作，提高区域服务辐射带动能力。围绕天津城市功能定位，重点研究天津如何加强与北京的金融合作，建设金融创新运营示范区，服务于整个京津冀乃至环渤海区域；围绕建设北方国际航运核心区，重点研究如何加强与河北港口的分工与物流合作，提升海运业国际竞争力，引导要素和产业集聚，加快建设国际海运交易和定价中心，打造国际航运中心。

三是持续用力推进创新型城市建设。探讨建设高水平创新平台，充分发挥国家自主创新示范区引领作用，培育创新主体，加快培育创新型领军企业，创新人才引进和培育模式，增创引才聚才新优势。

四是营造有利于创新创业的社会环境、更加开放包容的文化氛围，建设更具魅力的绿色宜居生态城市。重点研究有利于民间资本、中小企业发展的市场环境，研究如何营造有利于大众创业、草根创业的社会环境；探讨如何营造更加开放的体制环境，更加包容的文化环境，吸引国内外高端人才，使城市不断注入新鲜血液和发展活力；通过实施哪些惠民政策，提高居民收入水平和生活舒适度，美化生态环境，建设绿色宜居城市，增强城市的吸引力和凝聚力。

### 3. 河北

检验京津冀协同发展的成效，关键看河北经济社会发展水平是否得到全面提升，京津与河北的发展差距是否在不断缩小。对河北而言，如何在区域协同发展中抓住机遇、创造条件，尽快从经济大省变为经济强省是未来一段时期内亟待破解和研究的主要问题。

一是研究增强河北的吸引力和承接力。根据各城市和地区的功能定位以及优势和特色，研究如何在推进区域协同发展中，把建设快捷通达的城际交通体系、发展优势特色产业、建设生态宜居家园、完善公共服务结合起来，营造有利于宜居宜业、创新创业的社会氛围。

二是研究如何由经济大省变为经济强省。抓住北京城市功能疏解和科技产业扩散转移的契机，促进传统产业结构调整升级和战略性新兴产业发展，培育新的经济增长点，促进河北省由传统制造向高端制造转变，实现由工业大省到工业强省的转变。

三是研究如何优化城镇体系和空间布局。研究如何重点支持和扶植几个大城市发展，如石家庄、唐山、保定、邯郸和沧州等，并通过它们来带动周边中小城市发展，发挥多点区域中心城市和节点城市的支撑作用。

四是研究如何推进生态补偿机制的创新和完善。探讨区域的生态资源有偿使用制度、碳排放权交易、排污权交易等市场化运作机制，以实现生态涵养区、生态屏障的健康发展。

五是研究如何高质量推进雄安新区建设发展。研究如何加快优质高端资源要素在雄安新区汇聚和落地，布局新一代信息技术、现代生命科学和生物技术等高端高新产业，打造河北高质量发展新动力。

## 二 研究急需突破的重大问题与关键领域

### 1. 关于区域治理、协调机制以及配套政策的研究

京津冀区域协同的重点在于建立利益共享联结机制，形成利益共同体，实现"1+1+1＞3"的效果。一是探索如何建立京津冀区域在重点利益共享方面的横向协调与纵向协调相结合的协调机制，通过共谋发展与和平协商来推动利益共同体建设；二是研究如何完善税收分享制度，健全成本分摊机制，完善市场化运行的生态补偿机制，探索如何建立碳排放权交易、排污权交易机制，创新多元化的生态补偿方式；三是创新跨区域投融资机制与合作模式，参照国家开发银行的模式，探索设立区域合作投资机构，如京津冀开发银行，负责京津冀城市群的区域开发；四是研究如何解决好京津冀三地之间社会保障、教育、医疗卫生等社会政策的相互衔接，探索建立高层次医疗、科技、教育人才共享机制和公共服务互惠制度，推进公共服务一体化。

### 2. 关于功能疏解与承接的研究

有序疏解北京非首都功能是京津冀协同发展的关键环节和重中之重。功能疏解作为一项没有经验可循的复杂系统工程，在操作过程中出现了承接平台同质化竞争、承接地市场发育不足、疏解配套政策不完善等问题。一是探索建立北京非首都功能疏解与周边承载地的对接机制，不断完善基于功能分区的政绩考核制度及 GDP 分计制度，完善户籍、社会保障、子女教育等功能疏解的跨区域配套政策；二是创新新城开发模式，探索新城综合配套改革试点路径，推动雄安新区及北京城市副中心建设。

### 3. 关于发展壮大京津冀的产业集群与整合产业链的研究

以首都城市功能疏解为契机，探讨如何重构京津冀都市圈产业分

工体系，形成错位竞争、链式发展的整体优势，从而实现更高层次的产业整合和升级。一是结合三地各自产业结构的调整方向，探索区域内部产业转移的路径，使中心城市能够充分发挥极化效应和扩散效应，带动整个区域的协调发展；二是研究如何有效利用要素成本和贸易成本梯度，推进京津冀内部的产业转移，形成差异化竞争，强化区域间经济联系；三是探索三地如何发挥各自比较优势，逐步形成地域分工合理、产业联系紧凑的区域产业链布局，使其更好地融入全球价值链。

**4. 关于大中小城市协调发展的研究**

针对京津冀城镇体系存在的"大的过大、小的过小"的突出问题，重点研究京津冀城市群如何由"双核"型城镇空间结构向"多中心、网络化"的城镇空间格局转变。一是研究京津超大城市如何有效控制人口过快增长，提升城市的精细化管理水平和治理能力，有效破解"大城市病"；二是研究超大城市如何在产业转移、功能疏解的过程中，带动周边中小城市发展，充分发挥其核心中枢、科技先导和增长引擎的作用，增强聚集整合全球优质资源的能力；三是研究河北的一些大城市如何找准自己的定位，完善宜居宜业生态制度等环境，不断提升其对优质要素的集聚力和承接产业、人口和城市功能的吸纳力，增强对周边中小城市的带动力，尽快发展成为区域副中心城市或区域节点城市；四是研究新城及中小城镇如何充分发挥资源禀赋优势，完善城市功能，以特色产业、绿色环境、宜居宜业来增强城市的吸引力，在与大中城市形成紧密联系中加快发展。

**5. 关于京津冀区域科技创新的研究**

以创新驱动实现动能转换和转型是从根本上破解京津冀三地发展瓶颈的有效路径。研究如何建立政府间协同创新对接机制和完善市场机制，促进高质量协同创新。一是研究京津冀三地如何通过强化科技政策资源对接，通过雄安新区的先行先试，归纳总结后出台符合三地科技创新的共同政策；二是探讨如何进行政策创新和模式创新，实现创新要素自由流动和布局优化，如人才安居、教育、就业等相关政策领域突破，实现创新人才流动；三是研究如何构建技术交易平台，促进科技创新成果转化；四是研究如何通过京津冀毗邻地区的城市科技创新建设，形成支撑北京、雄安新区、天津发展的区域创新的合力，打造区域创新生态。

# 参考文献

1. 吴良镛等：《京津冀地区城乡空间发展规划研究》，清华大学出版社，2002。

2. 吴良镛等：《京津冀地区城乡空间发展规划研究二期报告》，清华大学出版社，2006。

3. 吴良镛等：《京津冀地区城乡空间发展规划研究三期报告》，清华大学出版，2013。

4. 吴良镛：《"北京2049"空间发展战略研究》，清华大学出版社，2012。

5. 樊杰：《京津冀都市圈区域综合规划研究》，科学出版社，2008。

6. 住房和城乡建设部城乡规划司、中国城市规划设计研究院：《京津冀城镇群协调发展规划（2008—2020）》，商务印书馆，2013。

7. 李国平：《京津冀区域发展报告（2012）》，中国人民大学出版社，2013。

8. 李国平：《京津冀区域发展报告（2014）》，科学出版社，2014。

9. 李国平：《协调发展与区域治理：京津冀地区的实践》，北京大学出版社，2012。

10. 李国平等：《首都圈结构：分工与营建战略》，中国城市出版社，2004。

11. 文魁、祝尔娟：《京津冀区域一体化发展报告（2012）》，社会科学文献出版社，2012。

12. 文魁、祝尔娟等：《京津冀发展报告（2013）——承载力测度与对策》，社会科学文献出版社，2013。

13. 文魁、祝尔娟等：《京津冀发展报告（2014）——城市群空间优化与质量提升》，社会科学文献出版社，2014。

14. 文魁、祝尔娟等：《京津冀发展报告（2015）——协同创新研究》，社会科学文献出版社，2015。

15. 文魁、祝尔娟等：《京津冀发展报告（2016）——协同发展指数研究》，社会科学文献出版社，2016。

16. 祝合良、叶堂林等：《京津冀发展报告（2017）——协同发展的新趋势和新进展》，社会科学文献出版社，2017。

17. 祝合良、叶堂林等：《京津冀发展报告（2018）——协同发展的新机制和新模式》，社会科学文献出版社，2018。

18. 祝合良、叶堂林等：《京津冀发展报告（2019）——打造创新驱动经济增长新引擎》，社会科学文献出版社，2019。

19. 孙久文：《京津冀都市圈区域合作与北京国际化大都市发展研究》，知识产权出版社，2009。

20. 孙久文：《中国区域经济发展报告——中国区域经济发展趋势与城镇化进程中的问题》，中国人民大学出版社，2014。

21. 陆大道、樊杰：《2050：中国区域发展（中国至2050年区域科技发展路线图研究报告）》，科学出版社，2009。

22. 周立群等：《京津冀都市圈的崛起与中国经济发展》，经济科学出版社，2012。

23. 曹保刚：《京津冀协同发展研究》，河北大学出版社，2009。

24. 吴殿廷：《中国特色世界城市建设研究》，东南大学出版社，2013。

25. 杨开忠：《迈向空间一体化——中国市场经济与区域发展战略》，黄山书社，1993。

26. 杨开忠：《改革开放以来中国区域发展的理论与实践》，科学出版社，2010。

27. 方创琳、刘毅：《中国创新型城市发展报告》，科学出版社，2013。

28. 方创琳等：《中国新型城镇化发展报告》，科学出版社，2014。

29. 方创琳、姚士谋：《2010 中国城市群发展报告》，科学出版社，2011。

30. 魏后凯：《中国区域政策：评价与展望》，经济管理出版社，2011。

31. 魏后凯：《走中国特色的新型城镇化道路》，社会科学文献出版社，2014。

32. 魏后凯：《中国区域协同发展研究》，中国社会科学出版社，2012。

33. 肖金成：《城镇化战略》，学习出版社，2014。

34. 肖金成：《中国十大城市群》，经济科学出版社，2009。

35. 肖金成：《京津冀区域合作论：天津滨海新区与京津冀产业联系及合作研究》，经济科学出版社，2010。

36. 连玉明：《重新认识世界城市》，当代中国出版社 2013.8；

37. 吴良镛：《北京规划建设的整体思考》，《北京规划建设》1996 年第 3 期。

38. 陆大道：《京津冀城市群功能定位及协同发展》，《地理科学进展》2015 年第 3 期。

39. 杨开忠：《环渤海地区运筹——京畿圈战略》，《北京规划建设》2004 年第 4 期。

40. 杨开忠：《我国首都圈发展的几个重大问题》，《社会科学论坛（学术研究卷）》2008 年第 2 期。

41. 杨开忠：《把握京津冀教育协同发展的关键》，《中国高等教育》2015 年第 23 期。

42. 杨开忠：《京津冀协同发展的探索历程与战略选择》，《北京联合大学学报（人文社会科学版）》2015 年第 4 期。

43. 杨开忠：《促进河北省绿色崛起：实现京津冀协同发展的关键支

撑》，《经济社会体制比较》2016 年第 3 期。

44. 杨开忠：《京津冀大战略与首都未来构想——调整疏解北京城市功能的几个基本问题》，《人民论坛·学术前沿》2015 年第 2 期。

45. 杨开忠：《打造国家区域治理现代化首善区——关于京津冀协同发展机制的研究与建议》，《国家治理》2014 年第 19 期。

46. 肖金成、刘保奎：《首都经济圈规划与京津冀经济一体化》，《全球化》2013 年第 3 期。

47. 肖金成、李忠：《促进京津冀产业分工合作的基本思路及政策建议》，《中国发展观察》2014 年第 5 期。

48. 肖金成：《"一轴两带"：京津冀空间布局优化构想》，《中国经济周刊》2014 年第 47 期。

49. 肖金成：《京津冀一体化与空间布局优化研究》，《天津师范大学学报（社会科学版)》2014 年第 5 期。

50. 肖金成：《京津冀：环境共治　生态共保》，《环境保护》2014 年第 17 期。

51. 肖金成、马燕坤：《京津冀空间布局优化与河北的着力点》，《全球化》2015 年 12 期。

52. 肖金成、马燕坤：《京津冀协同与大城市病治理》，《中国金融》2016 年第 2 期。

53. 国家发改委国土开发与地区经济研究所课题组、肖金成、李忠：《京津冀区域发展与合作研究》，《经济研究参考》2015 第 49 期。

54. 肖金成：《打造京津冀区域发展新亮点》，《中国投资》2016 年第 7 期。

55. 肖金成、王丽：《关于京津冀协同发展的若干思考》，《中国发展观察》2015 年第 7 期。

56. 肖金成：《"十三五"我国区域发展的三大战略重点》，《中国经济周刊》2015 年第 3 期。

57. 肖金成：《京津冀区域合作的战略思路》，《经济研究参考》2015 年第 2 期。

58. 肖金成、李娟、马燕坤：《京津冀城市群的功能定位与合作》，《经济研究参考》2015 年第 2 期。

59. 河北省发展和改革委员会宏观经济研究所课题组、肖金成：《京津冀世界级城市群发展研究》，《经济研究参考》2018 年第 15 期。

60. 肖金成、申现杰、马燕坤：《京津冀城市群与世界级城市群比较》，《中国经济报告》2017 年第 11 期。

61. 肖金成：《雄安需构建"反磁力中心"》，《小康》2017 年第 27 期。

62. 安树伟、肖金成：《京津冀协同发展：北京的"困境"与河北的"角色"》，《广东社会科学》2015 年第 4 期。

63. 蓝枫、陈昌智、王一鸣，肖金成：《打破壁垒　推进京津冀区域协同发展》，《城乡建设》2015 年第 10 期。

64. 戴宏伟、张艳慧：《京津冀金融业发展与协作路径分析》，《河北经贸大学学报》2013 年第 5 期

65. 赵弘：《北京大城市病治理与京津冀协同发展》，《经济与管理》2014 年第 3 期。

66. 赵弘：《京津冀协同发展的核心和关键问题》，《中国流通经济》2014 年第 12 期。

67. 赵弘：《抓住核心关键问题　推进京津冀协同发展》，《中国高新区》2014 年第 11 期。

68. 赵弘：《京津冀协同发展的顶层设计》，《城市管理与科技》2014 年第 4 期。

69. 赵弘：《首都经济圈建设的战略重点探析》，《中关村》2014 年第 3 期。

70. 樊杰：《我国主体功能区划的科学基础》，《地理学报》2007 年第 4 期。

71. 樊杰、李文彦、武伟：《论大渤海地区整体开发的战略重点》，《地理学报》1994 年第 3 期。

72. 周密、徐萌：《国家重大战略设计下京津冀协同发展的问题与对策研究》，《贵州省党校学报》2016 年第 6 期。

73. 孙久文《首都经济圈区域经济关系与合作途径》，《领导之友》2004 年第 3 期。

74. 孙久文、原倩：《京津冀协同发展的路径选择》，《经济日报》2014 年 6 月 4 日，第 7 版。

75. 孙久文：《京津冀区域趋同的实证分析》，《地理与地理信息科学》2006 年第 9 期。

76. 孙久文：《北京参与京津冀区域合作的主要途径探索》，《河北工业大学学报（社会科学版）》2013 年第 3 期。

77. 孙久文：《京津冀协同发展的目标、任务与实施路径》，《经济社会体制比较》2016 年第 3 期。

78. 孙久文、原倩：《京津冀协同发展战略的比较和演进重点》，《经济社会体制比较》2014 年第 5 期。

79. 孙久文：《寻找京津冀区域协同新方位》，《投资北京》2014 年第 7 期。

80. 孙久文：《京津冀合作难点与陷阱》，《人民论坛》2014 年第 13 期。

81. 孙久文：《雄安新区在京津冀协同发展中的定位》，《甘肃社会科学》2019 年第 2 期。

82. 孙久文、夏添：《新时代京津冀协同发展的重点任务初探》，《北京行政学院学报》2018 年第 5 期。

83. 胡安俊、孙久文：《京津冀世界级城市群的发展现状与实施方略研究》，《城市》2018 年第 6 期。

84. 孙久文、李坚未：《京津冀协同发展的影响因素与未来展望》，《河北学刊》2015 年第 4 期。

85. 马红瀚、周立群：《北京世界城市建设对河北的影响研究》，《现代
    管理科学》2012 年第 10 期。

86. 周立群：《滨海新区与京津冀都市圈的崛起》，《天津师范大学学
    报》2007 年第 1 期。

87. 张贵，周立群：《创新京津合作模式鼎力打造第三极》，《天津经
    济》2004 年第 5 期。

88. 张贵、贾尚键、苏艳霞：《生态系统视角下京津冀产业转移对接研
    究》，《中共天津市委党校学报》2014 年第 4 期。

89. 张贵、王树强等：《基于产业对接与转移的京津冀协同发展研究》，
    《经济与管理》2014 年第 4 期。

90. 张贵、李涛、李佳钰：《创新河北雄安新区基础设施投融资机制研
    究》，《河北师范大学学报（哲学社会科学版)》2019 年第 1 期。

91. 张贵、薛伊冰：《协同论视阈下京津冀区域公共服务协同发展研
    究》，《天津行政学院学报》2018 年第 5 期。

92. 张贵、李涛：《京津冀城市群创新产出空间差异的影响因素分析》，
    《华东经济管理》2018 年第 1 期。

93. 张贵、李佳钰：《京津冀协同发展的新形势与新思路》，《河北师范
    大学学报（哲学社会科学版)》2017 年第 4 期。

94. 张贵、徐杨杨、梁莹：《京津冀协同创新驱动因素及对策建议》，
    《中国高校科技》2016 年第 10 期。

95. 张贵、齐晓梦：《京津冀协同发展中的生态补偿核算与机制设计》，
    《河北大学学报（哲学社会科学版)》2016 年第 1 期。

96. 刘雪芹、张贵：《京津冀产业协同创新路径与策略》，《中国流通经
    济》2015 年第 9 期。

97. 张贵、尹金宝：《京津冀区域治理与三位一体机制设计的研究》，
    《城市》2015 年第 5 期。

98. 张贵、李佳钰：《构建京津冀现代化交通网络系统的战略思考》，

《河北工业大学学报（社会科学版）》2015 年第 7 期。

99. 丁梅、张贵、陈鸿雁：《京津冀协同发展与区域治理研究》，《中共天津市委党校学报》2015 年第 3 期。

100. 张贵、梁莹、郭婷婷：《京津冀协同发展研究现状与展望》，《城市与环境研究》2015 年第 1 期。

101. 方创琳：《京津冀城市群一体化发展的战略选择》，《改革》2017 年第 5 期。

102. 方创琳：《京津冀城市群协同发展的理论基础与规律性分析》，《地理科学进展》2017 年第 1 期。

103. 王玉海、张鹏飞：《京津冀都市圈及其历史使命》，《前线》2019 年第 4 期。

104. 王玉海、田建国、汪欣欣：《京津冀协同发展下的产业空间再造与有序调整探讨》，《天津商业大学学报》2019 年第 2 期。

105. 王玉海：《京津冀协同发展中的产业调整》，《群言》2019 年第 3 期。

106. 王玉海、何海岩：《如何实现"人－产－城"的共生共轭——北京城市副中心建设的理论与现实思考》，《前线》2018 年第 11 期。

107. 张鹏飞、王玉海、刘学敏：《北京城市副中心建设效应分析》，《城市发展研究》2018 年第 9 期。

108. 王玉海、何海岩：《产业集群与京津冀协调发展》，《中国特色社会主义研究》2014 年第 4 期。

109. 魏后凯：《重塑京津冀发展空间格局》，《经济日报》2014 年 6 期。

110. 魏后凯：《推进雄安新区建设的若干战略问题》，《经济学动态》2017 年第 7 期。

111. 魏后凯：《推进京津冀协同发展的空间战略选择》，《经济社会体制比较》2016 年第 3 期。

112. 王业强、魏后凯：《"十三五"时期国家区域发展战略调整与应对》，《中国软科学》2015 年第 5 期。

113. 叶堂林、祝尔娟：《京津冀科技协同创新的基本态势》，《人民论坛》2019 年第 12 期。

114. 叶堂林、毛若冲：《基于联系度、均衡度、融合度的京津冀协同状况研究》，《首都经济贸易大学学报》2019 年第 2 期。

115. 叶堂林、毛若冲：《京津冀协同发展与北京的辐射带动作用》，《前线》2018 年第 12 期。

116. 叶堂林：《北京减量发展的几点思考》，《人民论坛》2018 年第 7 期。

117. 原青青、叶堂林：《我国三大城市群发展质量评价研究》，《前线》2018 年第 8 期。

118. 首都经济贸易大学课题组，章浩、祝尔娟、戚晓旭：《发挥生态涵养区功能关键要完善生态补偿机制》，《经济日报》2018 年 7 月 19 日。

119. 叶堂林、潘鹏：《生产、生活、生态空间的统筹重点》，《北京日报》2017 年 7 月 31 日。

120. 叶堂林、潘鹏：《京津冀如何打造全国创新驱动增长的新引擎》，《人民论坛》2017 年第 9 期。

121. 叶堂林、毛若冲：《在京津冀协同发展中北京如何发挥龙头作用》，《前线》2017 年第 4 期。

122. 潘鹏、叶堂林：《京津冀企业的综合实力及创新力》，《前线》2017 年第 7 期。

123. 叶堂林、祝合良、潘鹏：《京津冀协同发展路径设计》，《中国经济报告》2017 年第 8 期。

124. 叶堂林、卢燕、潘鹏：《京津冀企业发展指标体系构建与测度》，《领导之友》2017 年第 9 期。

125. 叶堂林、黄婷婷：《疏解非首都功能也是给污染做减法》，《中国环境报》2017 年 2 月 27 日。

126. 首都经济贸易大学课题组，叶堂林、潘鹏、冯军宁：《科学构建京津冀生态补偿机制》，《经济日报》2017年1月20日。

127. 叶堂林、潘鹏：《生产、生活、生态空间的统筹重点》，《北京日报》2017年7月31日。

128. 京津冀大数据研究中心，祝尔娟、叶堂林、王成刚：《京津冀协同发展的最新进展——基于全国海量企业的大数据分析》，《人民论坛》2015第9期。

129. 叶堂林、戚晓旭、何晶彦：《京津冀发展中几个值得关注的趋势》，《北京日报》2016年5月30日。

130. 叶堂林：《生态环境共建共享的国际经验》，《人民论坛》2015年第3期。

131. 叶堂林、祝尔娟：《京冀快速崛起的合作方略》，《人民论坛》2014年第6期。

132. 叶堂林、祝尔娟：《找准京津冀协同发展的切入点》，《经济日报》2014年6月5日。

133. 叶堂林：《找准京津冀协同发展的利益契合点》，《北京日报》2014年6月9日。

134. 叶堂林、林琳：《特大城市产业升级与城市空间结构演变理论探讨》，《商业经济研究》2014年第8期。.

135. 叶堂林：《新时期京津冀区域经济发展战略研究》，《区域经济评论》2014年第1期。

136. 李晶、叶堂林：《城市等级体系研究综述》，《中国经贸导刊》2013年第11期。

137. 叶堂林：《建设世界城市背景下北京门头沟区产业结构调整探讨》，《中国经贸导刊》2012年第2期。

138. 叶堂林、曾梦华：《京津冀产业低碳化升级的路径及策略研究》，开发研究2012年第3期。

139. 林琳、叶堂林：《特大城市形成演化规律的研究综述》，《中国经贸导刊》2012 年第 8 期。

140. 叶堂林、曾梦华：《京津冀产业低碳化升级优劣势分析及战略》，中国经贸导刊 2012 年第 9 期。

141. 叶堂林：《北京可再生能源发展战略重点及政策建议研究》，《生态经济》2012 年第 5 期。

142. 叶堂林：《北京都市型产业量化选择研究》，《中国经贸导刊》2012 年第 12 期。

143. 叶堂林：《北京现代服务业的量化选择研究》，《中国经贸导刊》2012 年第 7 期。

144. 叶堂林：《北京市高新技术产业量化分析及发展对策》，《中国经贸导刊》2012 年第 6 期。

145. 叶堂林：《"十二五"期间京津冀区域产业升级与整合研究》，《开发研究》2011 年第 1 期。

146. 叶堂林：《人均 GDP 超过 1 万美元后天津产业结构的阶段性特征与发展重点研究》，《江苏商论》2010 年第 8 期。

147. 叶堂林：《当前天津产业结构形成原因及"十二五"期间产业调整方向研究》，《生态经济（学术版)》2010 年第 2 期。

148. 叶堂林：《人均 GDP10000 美元后海淀区产业结构调整研究》，《江苏商论》2010 年第 12 期。

149. 叶堂林：《京津现代制造业比较分析及其合作政策研究》，《江苏商论》2009 年第 9 期。

150. 张可云、沈洁：《北京核心功能内涵、本质及其疏解可行性分析》，《城市规划》2017 年第 6 期。

151. 张可云、蔡之兵：《北京非首都功能的内涵、影响机理及其疏解思路》，《河北学刊》2015 年第 3 期。

152. 张可云、邓仲良、蔡之兵：《京津冀协同发展下北京的城市发展战略》，《江淮论坛》2016 年第 4 期。

153. 张可云：《北京非首都功能的本质与疏解方向》，《经济社会体制比较》2016 年第 3 期。

154. 张可云、王裕瑾：《世界新城实践与京津冀新城建设思考》，《河北学刊》2016 年第 2 期。

155. 邓仲良、张可云：《北京非首都功能中制造业的疏解承接地研究》，《经济地理》2016 年第 9 期。

156. 石敏俊：《京津冀协同发展必须解决好两个根本性问题》，《城市管理与科技》2017 年第 5 期。

157. 石敏俊：《京津冀建设世界级城市群的现状、问题和方向》，《中共中央党校学报》2017 年第 4 期。

158. 张云、武义青：《首都经济圈生态经济合作的突出问题与政策建议》，《石家庄经济学院学报》2012 年第 2 期。

159. 张云、武义青、陶静静：《环北京生态经济特区构想——建设美丽首都圈的战略性举措》，《开发研究》2013 年第 6 期。

160. 张波：《推动京津冀一体化发展的实现路径研究》，《经济研究参考》2014 年第 44 期。

161. 徐蕾：《论京津冀地区战略性新兴产业的布局》，《特区经济》2011 年第 4 期。

162. 于维阳、邱述兵、秦寄翔：《京津冀区域产业分工与合作研究》，《经济导刊》2007 年第 1 期。

163. 李春山：《优化资源配置——打造环首都绿色经济圈》，中国经济出版社，2012。

164. 赵新峰、袁宗威：《京津冀区域大气污染协同治理的困境及路径选择》，《城市发展研究》2019 年第 5 期。

165. 金鹿、王玲：《京津冀建设世界级城市群的发展阶段与对策研究》，《天津经济》2019 年第 5 期。

166. 吕敏、魏诗谣：《京津冀一体化基本公共服务非均等化问题探析》，《当代经济》2019 年第 3 期。

167. 刘丽敏、王依娜：《京津冀基本公共服务均等化问题探析》，《经济论坛》2019 年第 2 期。

168. 刘晖、李欣先、李慧玲：《专业技术人才空间集聚与京津冀协同发展》，《人口与发展》2018 年第 6 期。

169. 刘艳、郑杨：《非首都功能疏解背景下京津冀产业协同发展问题研究》，《商业经济研究》2018 年第 19 期。

170. 井国龙、张秋红：《加快京津冀交通一体化发展策略》，《交通企业管理》2018 年第 4 期。

171. 张焕生、郝国芬等：《京津冀交通智能一体化发展对策探索》，《产业与科技论坛》2018 年第 10 期。

172. 王大树、金希娜等：《京津冀产业转移要处理好五对关系》，《新视野》2018 年第 3 期。

173. 孙丽文、张蝶、李少帅：《京津冀协同创新能力测度及评价》，《经济与管理》2018 年第 3 期。

174. 王昊：《以供给侧结构性改革推动非首都功能疏解》，《前线》2018 年第 3 期。

175. 刘慧、江时学：《欧洲研究区对建设京津冀协同创新共同体的启示》，《河北学刊》2018 年第 2 期。

176. 安树伟：《京津冀协同发展战略实施效果与展望》，《区域经济评论》2017 年第 6 期。

177. 刘海猛、方创琳等：《京津冀城市群大气污染的时空特征与影响因素解析》，《地理学报》2018 年第 1 期。

178. 李延军、史笑迎、李海月：《京津冀区域金融集聚对经济增长的空间溢出效应研究》，《经济与管理》2018 年第 1 期。

179. 北京市社会科学院课题组、王学勤等：《以习近平首都建设思想为指导推进北京城市副中心建设》,《前线》2018 年第 1 期。

180. 王秦、李慧凤、杨博:《雾霾污染的经济分析与京津冀三方联动雾霾治理机制框架设计》,《生态经济》2018 年第 1 期。

181. 段铸、刘艳、孙晓然:《京津冀横向生态补偿机制的财政思考》,《生态经济》2017 年第 6 期。

182. 杨胜利、段世江:《京津冀医疗卫生资源配置的公平性研究》,《中国农村卫生事业管理》2016 年第 9 期。

183. 王丽、宫宝利:《京津冀区域生态空间协同治理研究》,《天津行政学院学报》2018 年第 5 期。

184. 欧阳杰、苏亚男等:《基于城际铁路网的京津冀机场群轨道交通衔接模式探讨》,《城市轨道交通研究》2018 年第 9 期。

185. 李健、景美婷、苑清敏:《绿色发展下区域交通碳排放测算及驱动因子研究——以京津冀为例》,《干旱区资源与环境》2018 年第 7 期。

186. 杜彦良、高阳、孙宝臣:《关于京津冀交通一体化建设的几点思考》,《北京交通大学学报》2018 年第 1 期。

187. 吕倩、高俊莲:《京津冀地区交通运输碳排放模型及驱动因素分析》,《生态经济》2018 年第 1 期。

188. 郭秀锐、刘芳熙等:《基于 LEAP 模型的京津冀地区道路交通节能减排情景预测》,《北京工业大学学报》2017 年第 11 期。

189. 马海涛、康雷:《京津冀区域公路客运交通碳排放时空特征与调控预测》,《资源科学》2017 年第 7 期。

190. 刘广明:《协同发展视域下京津冀区际生态补偿制度构建》,《哈尔滨工业大学学报（社会科学版)》2017 年第 4 期。

191. 欧阳杰:《雄安新区背景下的京津冀世界级机场群建设战略》,《民航管理》2017 年第 5 期。

192. 李惠茹、丁艳如:《京津冀生态补偿核算机制构建及推进对策》,

《宏观经济研究》2017 年第 4 期。

193. 王兴举、范胜楠等：《京津冀轨道交通一体化发展对策》，《铁道运输与经济》2016 年第 11 期。

194. 杜延帅、吕红霞等：《京津冀城际铁路与城市其他交通方式衔接优化研究》，《铁道运输与经济》2016 年第 8 期。

195. 齐喆、吴殿廷：《京津冀交通协调发展评价与对策》，《中国流通经济》2015 年第 11 期。

196. 耿树海、雷娜、王晓曦：《京津冀协同发展中的"虹吸效应"破解探讨》，《商业经济研究》2015 年第 22 期。

197. 王中和：《以交通一体化推进京津冀协同发展》，《宏观经济管理》2015 年第 7 期。

198. 王喆、周凌一：《京津冀生态环境协同治理研究——基于体制机制视角探讨》，《经济与管理研究》2015 年第 7 期。

199. 雷娜、耿树海：《京津冀协同发展：河北的产业结构调整》，《开放导报》2014 年第 5 期。

200. 张彦台：《河北在京津冀协同发展中的战略定位、重点工作及策略研究》，《经济论坛》2014 年第 6 期。

201. 王玉海、张鹏飞：《京津冀都市圈及其历史使命》，《前线》，2019 年第 4 期。

202. 王玉海、田建国、汪欣欣：《京津冀协同发展下的产业空间再造与有序调整探讨》，《天津商业大学学报》2019 年第 2 期。

203. 王玉海：《京津冀协同发展中的产业调整》，《群言》2019 年第 3 期。

204. 臧秀清：《京津冀协同发展中的利益分配问题研究》，《河北学刊》2015 年第 1 期。

205. 张晗、舒丹：《京津冀产业协同的影响因素研究》，《金融与经济》2019 年第 3 期。

206. 李秀伟、路林、赵庆楠：《北京城市副中心战略规划》，《北京规划建设》2019 年第 2 期。

207. 屠凤娜、王丽：《京津冀区域大气污染现状、治理难点及协同治理路径》，《城市》2019 年第 3 期。

208. 屠凤娜：《区域大气污染协同治理的实践与经验启示》，《理论界》2019 年第 2 期。

209. 王莎、童磊、贺玉德：《京津冀产业结构与生态环境交互耦合关系的定量测度》，《软科学》2019 年第 3 期。

210. 王坤岩、臧学英：《以体制机制创新深入推动京津冀协同发展》，《中国发展观察》2019 年第 1 期。

211. 牟永福：《"京津冀生态环境支撑区"的生态价值及其战略框架》，《治理现代化研究》2019 年第 1 期。

212. 牛桂敏、屠凤娜：《京津冀大气污染联防联控的经验与思考》，《求知》2019 年第 1 期。

213. 初钊鹏、卞晨等：《基于演化博弈的京津冀雾霾治理环境规制政策研究》，《中国人口资源与环境》2018 年第 12 期。

214. 初钊鹏、王铮、卞晨：《京津冀产业协同发展的理论认识与实践选择》，《东北师大学报（哲学社会科学版）》2018 年第 6 期。

215. 魏丽华：《京津冀产业协同水平测度及分析》，《中国流通经济》2018 年第 7 期。

216. 杜爽、冯晶、杜传忠：《产业集聚、市场集中对区域创新能力的作用——基于京津冀、长三角两大经济圈制造业的比较》，《经济与管理研究》2018 年第 7 期。

217. 孙芳、韩江雪等：《京津冀生态涵养区生态与产业协调发展影响因素分析》，《中国农业资源与区划》2018 年第 5 期。

218. 李冬：《京津冀地区公共服务质量评价》，《地域研究与开发》2018 年第 2 期。

219. 苑清敏、孙恺溪：《基于虚拟水足迹的京津冀合作生态补偿机制研究》，《节水灌溉》2018 年第 4 期。

220. 许恒周、赵一航、田浩辰：《京津冀城市圈公共服务资源配置与人口城镇化协调效率研究》，《中国人口·资源与环境》2018 年第 3 期。

221. 蓝志勇：《雄安"新城"与京津冀城市群发展战略展望》，《国家行政学院学报》2017 年第 6 期。

222. 陈丙欣、叶裕民：《京津冀都市区空间演化轨迹及影响因素分析》，《城市发展研究》，2008 年第 1 期。

223. 赵瑞芬、张新社：《财政合作视域下京津冀公共服务联合供给的模式研究》，《经济研究参考》2017 年第 62 期。

224. 洪传春、张雅静、刘某承：《京津冀区域生态产品供给的合作机制构建》，《河北经贸大学学报》2017 年第 6 期。

225. 李子彪、李少帅：《产业链视角下京津冀产业创新合作发展》，《技术经济》2017 年第 10 期。

226. 王海臣：《深入实施京津冀协同发展战略的路径》，《前线》2017 年第 10 期。

227. 皮建才、赵润之：《京津冀协同发展中的环境治理：单边治理与共同治理的比较》，《经济评论》2017 年第 5 期。

228. 魏丽华：《雄安新区：比较、借鉴与启示》，《河北大学学报（哲学社会科学版)》2017 年第 5 期。

229. 孙彦明：《京津冀产业协同发展的路径及对策》，《宏观经济管理》2017 年第 9 期。

230. 涂满章、詹圣泽、詹国南：《世界特大城市对北京疏解非首都功能的借鉴》，《技术经济与管理研究》2017 年第 8 期。

231. 李飞，刘东：《以产业转型升级推动京津冀发展》，《人民论坛》2017 年第 24 期。

232. 任俊、安然、安树伟：《京津冀拓展发展新空间研究》，《城市》2017 年第 8 期。

233 王晶晶、迟妍妍等：《京津冀地区生态分区管控研究》，《环境保护》2017 年第 12 期。

234. 乔花云、司林波：《京津冀生态环境协同治理模式研究——基于共生理论的视角》，《生态经济》2017 年第 6 期。

235. 穆献中、吕雷：《京津冀金融生态环境对区域经济发展影响研究》，《经济与管理》2017 年第 3 期。

236. 魏丽华：《京津冀产业协同发展困境与思考》，《中国流通经济》2017 年第 5 期。

237. 魏丽华：《论京津冀地区制度协同发展的困境与思路》，《中国流通经济》2017 年第 3 期。

238. 李惠茹、丁艳如：《京津冀生态补偿核算机制构建及推进对策》，《宏观经济研究》2017 年第 4 期。

239. 王海臣：《推动京津冀协同发展向纵深迈进》，《前线》2017 年第 3 期。

240. 柴浩放：《非首都功能疏解的域内外视角分析》，《商业经济研究》2017 年第 4 期。

241. 张万兴、郭小卉：《京津冀金融一体化发展探析》，《征信》2017 年第 2 期。

242. 姜溪、刘瑛莹：《京津冀公共服务均等化研究》，《商业经济研究》2017 年第 3 期。210. 张菲菲、臧学英：《循环经济视域下京津冀协同发展研究》，《天津行政学院学报》2017 年第 1 期。

243. 杨杰：《京津冀生态环境协同保护的瓶颈问题及对策》，《河北经贸大学学报（综合版）》2016 年第 4 期。

244. 杨杰：《京津冀生态环境协同保护机制构建模式研究》，《河北软件职业技术学院学报》2016 年第 4 期。

245. 陈欣烨、臧学英等：《京津冀港口产业链协同发展研究》，《理论
与现代化》2016 年第 6 期。

246. 王静丽：《加快环首都贫困带脱贫发展的思路研究》，《中国水运
（下半月）》2016 年第 9 期。

247. 王延杰、冉希：《京津冀基本公共服务差距、成因及对策》，《河
北大学学报》（哲学社会科学版）2016 年第 4 期。

248. 郭昊：《京津冀产业发展定位及模式创新》，《宏观经济管理》
2016 年第 7 期。

249. 王静丽：《京津冀协同发展背景下环首都贫困带的治理》，《改革
与开放》2016 年第 12 期。

250. 周毕文、陈庆平：《京津冀一体化中的产业转移》，《经济与管理》
2016 年第 3 期。

251. 郭小卉、康书生：《京津冀金融协同发展的路径选择》，《金融理
论探索》2016 年第 2 期。

252. 杨洁、辛灵：《京津冀产业协同发展策略探究》，《人民论坛》
2016 年第 12 期。

253. 王宏强：《产业链重构：对京津冀产业协同发展的新思考》，《中
国党政干部论坛》2016 年第 2 期。

254. 屠凤娜：《京津冀产业协同战略研究》，《城市》2016 年第 1 期。

255. 屠凤娜：《京津冀区域人才协同发展问题研究》，《中国商论》
2015 年第 29 期。

256. 于化龙、臧学英：《非首都功能疏解与京津产业对接研究》，《理
论学刊》2015 年第 12 期。

257. 迟妍妍、许开鹏等：《新型城镇化时期京津冀地区生态环境分区管
控框架》，《环境保护》2015 年第 23 期。

258. 徐匡迪：《新时期中国城镇化研究》，《全球化》2015 年第 9 期。

259. 鲁继通：《京津冀基本公共服务均等化：症结障碍与对策措施》，

《地方财政研究》2015 年第 9 期。

260. 王玫、王立源：《京津冀水源生态涵养区建设面临的困境及应对措施》，《环境保护》2015 年第 16 期。

261. 孙虎、乔标：《京津冀产业协同发展的问题与建议》，《中国软科学》2015 年第 7 期。

262. 王玫：《京津冀协同发展背景下河北生态环境建设思路及建议》，《共产党员（河北）》2015 年第 14 期。

263. 刘薇：《京津冀大气污染市场化生态补偿模式建立研究》，《管理现代化》2015 年第 2 期。

264. 刘薇：《京津冀生态协同发展的创新思路与路径》，《学习月刊》2015 年第 2 期。

265. 杨国义：《中国城市副中心建设研究》，苏州大学博士学位论文，2014。

266. 王家庭、曹清峰：《京津冀区域生态协同治理：由政府行为与市场机制引申》，《改革》2014 年第 5 期。

267. 马玉荣、吴思等：《京津冀新棋局》，《中国经济报告》2014 年第 5 期。

268. 马宁、饶小龙等：《合作与共赢：京津冀区域人才一体化问题研究》，《中国人力资源开发》2011 年第 10 期。

269. 李金辉、王亮、张冰：《京津冀人才开发合作的研究与探索》，《中国人才》2009 年第 15 期。

270. 王玫、李文廷：《环京津贫困带生态环境现状及发展对策》，《河北学刊》2008 年第 6 期。

271. 李金辉：《环渤海三大港口群的竞争与合作问题探讨》，《港口经济》2005 年第 5 期。

272. 薄文广、陈飞：《京津冀协同发展：挑战与困境》，《南开学报》（哲学社会科学版）2015 年第 1 期。

273. 薄文广、周立群：《京津冀协同发展应借鉴长三角的经验》，《南开学报》（哲学社会科学版）2015 年第 1 期。

274. 薄文广、陈飞、张玮：《促进京津冀协同发展的四"点"建议》，《中国国情国力》2015 年第 1 期。

275. 薄文广、周立群：《长三角区域一体化的经验借鉴及对京津冀协同发展的启示》，《城市》2014 年第 5 期。

276. 刘亮：《京津冀一体化中的财政难题与破解之道》，《中国财政》2011 年第 3 期。

277. 贾树生、习亚峰、白会肖：《基于系统论的推进京津冀协同创新机制研究》，《经济研究参考》2018 年第 34 期。

278. 李峰、赵怡虹：《雄安新区与京津冀城市群发展》，《当代经济管理》2018 年第 5 期。

279. 李峰：《雄安新区与京津冀协同创新的路径选择》，《河北大学学报（哲学社会科学版）》2017 年第 6 期。

280. 周晓华：《京津冀协同发展的区域经济思考——当前环首都贫困带治理思路》，《商场现代化》2017 年第 5 期。

281. 李峰、赵怡虹：《建设京津冀协同创新示范区的路径与保障机制研究》，《当代经济管理》2017 年第 3 期。

282. 何莹：《创新驱动经济发展方式转变的机理与路径——以京津冀区域协同发展为视角》，《吉林广播电视大学学报》2017 年第 1 期。

283. 陈永川：《率先形成区域创新驱动一体化发展格局》，《北京观察》2016 年第 11 期。

284. 刘宾、董谦等：《京津冀协同发展下河北省科技创新与金融协同研究》，《黑龙江畜牧兽医》2016 年第 18 期。

285. 刘宾、董谦、辛文玉：《京津冀科技协同创新共同体的构建及模式分析》，《商业经济研究》2016 年第 16 期。

286. 王殿华、莎娜：《京津冀科技创新驱动产业转型发展研究》，《科学管理研究》2016 年第 4 期。

287. 张伯旭：《创新驱动引领京津冀产业升级》，《中国工业评论》2015 年第 7 期。

288. 卢映川、杨可：《北京参与环渤海区域经济开发合作的对策研究》，《首都经济》2000 年第 1 期。

289. 宋迎昌、胡序威：《北京市城市发展的宏观背景分析》，《城市发展研究》1997 年第 1 期。

290. 徐国弟：《京津冀城市群体发展战略定位构想》，《城市发展研究》1994 年第 2 期。

291. 胡梅娟、张洪河、孙晓胜：《京三角合作历程》，《瞭望新闻周刊》2006 年第 32 期。

292. 孙虎军：《环渤海区域合作发展的过去、现在和未来》，《环渤海经济瞭望》2009 年第 9 期。

293. 胡兆量：《北京城市发展规模的思考和再认识》，《城市与区域规划研究》2011 年第 2 期。

294. 张凯：《京津冀地区产业协调发展研究》，华中科技大学博士学位论文，2007。

295. 冯玫、刘瑶：《京津冀特色产业发展与区域交通一体化建设》，《河北师范大学学报》2011 年第 3 期。

296. 蒋冰蕾、段进宇等：《外聚内疏：首都区域空间交通战略研究》，《北京规划建设》2012 年第 5 期。

297. 王树强，张贵等：《基于重复博弈的京津冀机场协作机制研究》，《河北工业大学学报（社会科学版）》2013 年第 9 期。

298. 陆军，杨志勇：《中国地方财税竞争与异质偏好劳动力的空间流动——以京津冀大都市区为例》，《财经研究》2010 年第 9 期。

# 附录：本书部分成果应用转化

1. 成果要报：《完善治理机制是实现京津冀生态环境共建共享的关键》。刊登在《北京市社科规划办成果要报》2015 年第 11 期，获中央政治局原委员、北京市市委书记郭金龙重要批示。

北京社科基金项目

# 成果要报

第 11 期

北京市哲学社会科学规划办公室　　　　2015 年 3 月 17 日

## 完善治理机制是京津冀生态环境共建的关键

摘要：纵观发达国家"先污染、后治理"的转变历程，政府在战略推动、规划引领、监测监管、政策调控等方面的引导作用不可替代、功不可没；而市场手段，则是实现生态补偿的基本方式和有效路径。针对京津冀发展实际，本文建议拓宽资金渠道，实行多元化生态补偿；完善资源有偿使用和碳排放权交易等市场机制；同时加强政府规划、服务、监管职能，进一步完善立法，严格执法，推动京津冀生态环境共建共享。

1

2. 成果要报:《京津冀与长三角、珠三角企业发展对比研究及政策建议》。刊登在《北京市社科规划办成果要报》2016 年第 24 期,成果获原北京市市长王安顺圈阅。

北京社科基金项目

# 成果要报

## 第 24 期

北京市哲学社会科学规划办公室　　　　2016 年 10 月 10 日

## 京津冀与长三角、珠三角
## 企业发展对比研究及政策建议

摘要:企业作为国民经济的基本"细胞",其健康与否必然关系到整个区域的发展。本文通过全样本企业大数据分析,得出三大都市圈首位城市优势显著,京津企业发展双核效应不显著;企业发展水平综合排名北京第一;京津冀内部发展落差最大,珠三角发展最为均衡,长三角城市等级体系最为合理等基本判断,并提出加大非首都功能疏解力度,河北应重点促进企业发展"提质增量"等政策建议。

1

3. 成果要报：《从大数据看北京企业疏解的工作重点》，刊登在北京市社科规划办成果要报 2016 年 1 月 12 日第 1 期。

北京社科基金项目

# 成果要报

### 第 1 期

北京市哲学社会科学规划办公室　　　　2016年1月 12 日

## 从大数据看北京企业疏解的工作重点

摘要：非首都功能疏解是京津冀协同发展的核心和关键所在。本文通过大数据挖掘，得出四个基本判断：非首都功能疏解将是一个长期而艰巨的任务；在非首都功能疏解过程中，企业已经走在前面；城市发展新区实现"产城融合"是解决北京"大城市病"的关键所在；海淀、朝阳和西城是北京打造科技创新中心的重要依托和重中之重。在此基础上，提出四个对策：强化疏解政策，加大非首都功能疏解力度；城市拓展区企业需实现"腾笼换鸟"；城市发展新区应解决"有城无业"；生态涵养区应解决可持续发展问题。

1

4. 成果要报：《关于北京减量发展的几点思考》，刊登在北京市社科规划办成果要报 2018 年 5 月 24 日第 11 期。

北京社科基金项目

# 成果要报

**第 11 期**

北京市哲学社会科学规划办公室　　　2018 年 5 月 24 日

## 关于北京减量发展的几点思考

摘要：减量发展是"舍"与"得"的关系，是北京市未来一段时间的发展主基调。结合中国特色社会主义新时代背景和北京市新版总规的要求，专家建议北京的减量发展应从四个方面入手，一是推动北京 CBD 从 1.0 版本升级为 2.0 版本；二是推动北京市服务业高水平、宽领域对外开放；三是探索中关村"走出去"模式和"飞地"模式；四是通过"腾笼换鸟"全力促进高精尖经济体系的形成。

1

5. 成果要报：《建立城市设施定期更新机制的几点思考》，刊登在北京市社科规划办成果要报 2018 年 8 月 30 日第 19 期。

北京社科基金项目

# 成果要报

**第 19 期**

北京市哲学社会科学规划办公室 　　　　　2018 年 8 月 30 日

## 建立城市设施定期更新机制的几点思考

**摘要：** 强化城市设施及城市建筑定期更新是实现城市精细化管理的必要举措，也是提高城市"紧凑""精致"程度的重要途径，更是消除城市安全隐患的必由之路。专家建议：一是建立城市设施更新数据库，实现设施运行动态监测和隐患自动报警；二是通过立法推进城市设施强制更新和有序更新；三是对旧城进行保护性更新，保护城市历史风貌。

I

6. 成果要报：《北京推动区域协同创新的几点建议》，刊登在北京市社科规划办成果要报 2019 年 1 月 18 日第 1 期。

北京社科基金项目

# 成果要报

**第 1 期**

北京市哲学社会科学规划办公室　　　　2019 年 1 月 18 日

## 北京推动区域协同创新的几点建议

摘要：协同创新是京津冀协同发展的关键所在，也是北京优化配置区域资源、打造高精尖经济体系的必由之路。研究表明：三地协同创新态势良好、创新分工格局基本形成，北京在协同创新中发挥着核心引领作用。但三地间存在着创新能力差距过大、创新链中缺乏产业链支撑等问题。为此，专家建议：一是搭建"四个平台"促进产学研协同联动；二是鼓励北京优势创新资源"走出去"；三是加强区域科技协同创新的制度建设。

1

7. 理论文章：《协同创新：京津冀经济转型突围的原动力》，发表在 2019 年 2 月 26 日《光明日报》光明视野版。

8. 理论文章：《科学构建京津冀　生态补偿机制》，发表在 2017 年 1 月 20 日《经济日报》理论版。

9. 理论文章：《京津冀产业协同发展的新进展和新动向》，发表在 2016 年 5 月 12 日《经济日报》理论版。

10. 理论文章：《生产、生活、生态空间的统筹重点》，发表在 2017 年 7 月 31 日《北京日报》理论版。

**图书在版编目（CIP）数据**

京津冀协同发展研究的历史、现状与趋势／叶堂林
等著. -- 北京：社会科学文献出版社，2020.2
　（京津冀协同发展研究丛书）
　ISBN 978 - 7 - 5201 - 6114 - 5

　Ⅰ.①京…　Ⅱ.①叶…　Ⅲ.①区域经济发展 - 协调发
展 - 研究 - 华北地区　Ⅳ.①F127.2

中国版本图书馆 CIP 数据核字（2020）第 026260 号

· 京津冀协同发展研究丛书 ·
## 京津冀协同发展研究的历史、现状与趋势

著　　者／叶堂林　祝尔娟　王雪莹　等

出 版 人／谢寿光
责任编辑／王玉山

出　　版／社会科学文献出版社·经济与管理分社（010）59367226
　　　　　地址：北京市北三环中路甲 29 号院华龙大厦　邮编：100029
　　　　　网址：www. ssap. com. cn
发　　行／市场营销中心（010）59367081　59367083
印　　装／三河市龙林印务有限公司

规　　格／开　本：787mm × 1092mm　1/16
　　　　　印　张：13.75　字　数：183 千字
版　　次／2020 年 2 月第 1 版　2020 年 2 月第 1 次印刷
书　　号／ISBN 978 - 7 - 5201 - 6114 - 5
定　　价／89.00 元

本书如有印装质量问题，请与读者服务中心（010 - 59367028）联系